Groupe Eyrolles
61, bd Saint-Germain
75240 Paris Cedex 05

www.editions-eyrolles.com

Du même auteur chez le même éditeur :
Le Pouvoir des gentils

Pour contacter l'auteur : fmartin@congruences.fr

Avec la collaboration de Julie Bouillet

ISBN : 978-2-212-56604-8

Franck Martin

Optimistes !

Les règles d'or pour voir la vie en rose

EYROLLES

Remerciements

Je dédie ces pages et mon bonheur à Clémence. Pour ce qu'elle est et ce qu'elle représente de merveilleux, d'aboutissement, ce qu'elle porte de mieux de toutes ces générations et de ces familles qui lui ont transmis l'amour et la vie.

Je lui donne tout le positif et l'optimisme, pour compléter ce dont elle est dépositaire. Voici des clés.

Table des matières

Une petite histoire, histoire de commencer

Un soir, au coin du feu, un vieil Indien se confie à ses petits-enfants.

« Mes enfants, leur dit-il, les éléments me parlent et je ressens un grand mal. Au fond de mon âme, deux loups se battent. L'un est méchant, il a peur, et je sais qu'il éprouve souvent de la colère. Il est envieux de ses frères, et vit dans la peine, les regrets, l'avidité, l'arrogance, l'apitoiement, la culpabilité, les ressentiments, le sentiment d'infériorité, le mensonge, la compétition et l'orgueil. L'autre est bon, il est la joie, la paix, l'amour, l'espoir, le partage, la générosité, la bienveillance, la vérité, la compassion, la confiance. Mais, mes petits-enfants chéris, la même lutte se joue aussi en vous, en chacun de nous, en fait. »

Silencieux, les enfants réfléchissent...

Puis l'un d'eux prend la parole : « Mais dis-moi, grand-père, lequel des deux loups gagne ? »

Le vieil homme sourit, les regarde et répond simplement : « Mes enfants, celui qui gagne est toujours celui que vous nourrissez le plus. »

Introduction

Ma vie est belle, même quand elle n'est pas toute rose

« Le véritable voyage de découverte ne consiste pas à chercher de nouveaux paysages, mais à avoir de nouveaux yeux ! »

Marcel Proust

Je suis un homme heureux, optimiste par nature. Je vois en beau… je suis sur un nuage.

La vie me sourit toujours, même quand elle est brutale. La vie est belle, quoi qu'il se passe pour moi et autour de moi. Quand je parle comme cela, certains de mes amis me prennent pour un fou, pour un utopiste, un irréaliste, un doux rêveur.

Et je leur réponds que c'est vrai. En m'empressant de leur démontrer que ce chemin, cette manière d'être, me réussit plutôt.

Pourtant, j'aurais pu la voir autrement, ma vie. Ou plutôt ne pas la voir !

Dès mon plus jeune âge, comme j'aime à le rappeler lors de mes conférences[1], les choses auraient pu mal démarrer pour moi. Certains proches l'ont d'ailleurs perçu ainsi en apprenant ma double cataracte congénitale. Ce constat a donné lieu à des scènes de famille que

1. Je suis conférencier pour la CGPME (Confédération générale des petites et moyennes entreprises), le CJD (Centre des jeunes dirigeants), pour différents syndicats professionnels et chambres de commerce et d'industrie.

nous nous racontons encore parfois, ma grand-mère s'apercevant que mes yeux ne suivaient pas les gestes de mes visiteurs, ni même la lumière. Mon père fut très touché par cette « découverte ». C'est lui qui, plus tard, en accord avec ma mère, décidera de m'élever « en positif », comme tout enfant, sans tomber dans la tragédie – pourtant facile – d'avoir un fils à moitié aveugle. Ils ont choisi de me faire vivre comme tout le monde, là où d'autres parents – ce fut le cas de l'un de mes amis ayant la même « atteinte » – auraient pu m'attribuer pour la vie une identité d'« infirme ». « Tes yeux ne sont pas une infirmité, fils, ils sont ce qu'ils sont. » Ils seront même une force, à force de compréhension et de travail de digestion, d'intégration et de résilience.

« Tes yeux ne sont pas une infirmité, fils, ils sont ce qu'ils sont. » Ils seront même une force.

Ce jour-là, ma famille ne savait pas qu'elle m'inoculait un vaccin valable à vie : l'optimisme, la « vue en beau » !

Mon enfance a été parfaite, malgré plusieurs opérations des yeux, et les quolibets des copains. Mon adolescence fut tout aussi extraordinaire. J'étais entouré d'amis et pratiquais de nombreuses activités sportives comme beaucoup de jeunes chanceux – tennis, ski, moto, auto, karaté, judo... Il n'y a que les avions et les camions que j'ai été « privé » de piloter et de conduire. Avouez que ce n'est pas très grave.

Mon copain, atteint du même handicap que moi, mais élevé par des parents peut-être moins confiants que ne l'étaient les miens, a suivi une tout autre voie. Pour lui, des parents centrés sur son infirmité, là où les miens étaient centrés sur la vie. Lui, portant lourdement cette identité d'infirme, là où je ne portais que mon sac d'écolier, puis de lycéen. Lui, ultravigilant, là où je ne suis « que » prudent, a enduré la lourdeur de ce choix de vie tout autant que je me sens léger.

Je ne suis pas un philosophe, je ne suis pas un scientifique, encore moins un psychologue. Je suis un homme qui expérimente, depuis tout petit, sa manière positive de vivre. D'abord, sans m'en rendre compte vraiment. Parce qu'il est vrai que la vie m'a gâté, parce qu'il est vrai que j'ai eu cette « chance » de bien naître. Je ne parle pas là d'argent ni de moyens – même si nous n'avons jamais manqué de rien et que nous étions plutôt aisés. Je parle de cette lucidité, de ces valeurs familiales, et des expériences que j'ai accumulées et qui m'ont fait « comme je suis » : profondément positif, profondément optimiste. Je suis devenu philosophe, je me sens chercheur, et plutôt psychologue. Je suis un adepte de la flexibilité relationnelle et comportementale, je cherche des solutions, là où d'autres constatent des impasses, je me projette dans l'avenir, là où d'autres remuent la boue du passé et du présent. Je liste les conséquences positives des changements, là où ces mêmes autres, encore eux, additionnent les leçons négatives. Je refuse les « Non, ça ne marchera jamais », tout en essayant de comprendre ce qu'ils dissimulent, pour aider les gens à les gommer de leur vocabulaire. Je hais les crises d'autorité, tout en intégrant aussi ce qu'elles cachent. Je souris, là où mes interlocuteurs font la gueule. Je goûte la fraîcheur de la pluie, là où d'autres se sentent profondément mouillés. Quand je cours ma SaintéLyon[1], je me réjouis de sentir le moindre de mes muscles, plutôt que d'en souffrir, en pensant au bonheur de finir ma course selon mes objectifs, ce qui ne fait aucun doute.

Pire encore, et je dis « pire » pour celles et ceux qui ne sont pas dans cette « énergie » (car il s'agit d'une posture, d'une énergie de vie), le

1. La SaintéLyon est un « running raid nocturne » entre les villes de Saint-Étienne et de Lyon. C'est une course à pied très populaire, en individuel ou en relais par équipes de deux, trois ou quatre personnes.

vendredi 13 novembre 2015, jour où le pire, justement, s'est produit, est pour moi jour d'un double anniversaire : la sortie de mon livre sur la gentillesse (lors de la journée mondiale de la gentillesse !) et la rencontre de ma compagne. Sans nier les faits de l'Horreur avec un grand H, je ne peux m'empêcher de penser, aussi – contrairement à ce qu'ont fait tous les médias ce jour-là –, à ce qu'il y eut de positif ce vendredi. Oui, me diront certains, je ne suis pas touché dans ma chair ou la chair de ma chair. Mais au-delà de la tristesse et de la barbarie, je continue de voir le beau, ce que cette journée manifestement dégueulasse a pu produire de fort, d'invincible. Qu'aucun terroriste ne pourra faire sauter : la force d'un peuple tout entier, bien au-delà de ses frontières, qui se resserre et se redresse. D'aucuns reprocheront : faut-il qu'un tel drame arrive pour ressentir l'union d'un peuple ? Je ne le crois pas.

Je fais simplement le constat que c'est arrivé. Les choses sont factuellement ce qu'elles sont. Libre à celui qui les vit de les interpréter comme il veut, ou comme il peut, ou comme il le fait « habituellement ». C'est là, précisément sur cette interprétation, que nous sommes TOUTES et TOUS capables de changer notre monde. Avec le plus grand réalisme, en ayant plus que jamais les pieds sur terre. Être optimiste ne veut pas dire nier le négatif, non... Être optimiste consiste à être factuel et à choisir, en tant que « posture » – parce qu'elle nous convient mieux –, de donner un sens positif aux événements.

Être optimiste ne veut pas dire nier le négatif. C'est être factuel et choisir de donner un sens positif aux événements.

Optimiste... Résolument...

En lisant les journaux ou en écoutant les radios généralistes, je ne peux m'empêcher de noter que le bruit médiatique est fait de lamentations. Là où, pour ma part, je me réjouis à chaque minute de ce qui m'arrive.

Je vois le coin de ciel bleu dans un océan de nuages gris. D'ailleurs, j'ai pris cette habitude de ne plus les lire ni les écouter. Je me tiens juste au courant des faits marquants pour ne pas paraître idiot.

L'optimisme, mon optimisme, est une attitude mentale, un choix conscient, et d'abord intellectuel. Je suis résolument tourné vers le positif sans pour autant nier le « mauvais ». Je sais le voir, je sais aussi ce que je veux à sa place. Je prends les choses factuelles du bon côté, comme on voit le verre à moitié plein plutôt qu'à moitié vide, pour mieux profiter de chaque goulée. Depuis toujours, je fais confiance à la vie. Même si la mort – c'est une certitude – est au bout. C'est bien elle, quelle qu'en soit sa forme, qui me fait vivre… Paradoxal, non ? La certitude de la mort me fait profondément, intensément, vivre.

Mort ? Nous sommes en guerre, disent les politiques, dont les mots sont amplifiés par les médias. Non, nous ne sommes pas en guerre. Factuellement, ce vendredi 13 novembre, des terroristes ont commis des meurtres ignobles. Mais personne ne peut ignorer, sauf si « on » choisit de nous le cacher, de ne pas en parler, que la vie se propage en positif partout. Même dans ces pays reculés et parfois loin de notre culture… où peut se développer ce terrorisme. Même ce jour-là…

Pensez en positif. Agissez en positif. Être optimiste est une posture. Si si. Très factuelle, très opérationnelle et, surtout, réaliste. C'est une force, qui maintient la vie dans les plus sombres moments de notre histoire.

Généraliser la guerre est un acte, délibérément ou inconsciemment, fou. Faire cela, c'est faire un tri, c'est omettre l'autre côté tout aussi factuel de la vie qui se déroule aussi. Le côté magnifique de tout ce qui s'est passé en même temps que ces actes terroristes, mais que personne, certainement pas les médias, ne relaie…

La mort fait vendre, la peur est rentable, la violence fascine. Ne regardez plus ni n'écoutez les médias sans remettre en cause, par votre faculté d'écoute et d'analyse, ce qui vous est rabâché. Restez factuel dans votre manière de penser. Gérez vos tris sélectifs, les omissions, les généralisations qu'on vous vend à coups de presse et de journaux continus, cassez les liens intempestifs que ces « grandes voix », ces pseudo--intellectuels font et vous présentent comme des vérités. Élargissez votre vision du monde, et choisissez vous-même la vie qui vous va. La vie est belle, bien plus belle que la façon dont on vous la raconte !

Mais je vous propose quand même de continuer à voir le noir et à le broyer, si cela vous rend heureux.

Je vous propose aussi une pensée, une analyse qui est tout sauf dogmatique. Elle est fondée sur une loi systémique, mathématique, vieille comme le monde : la « loi de la variété requise ». Si votre manière de vivre vous va, et que les résultats qu'elle provoque pour et autour de vous sont bons pour vous, ne la changez pas, renforcez-la. Mais si vous constatez que ce que vous faites ne vous contente plus, ou qu'il y a mieux à faire, alors je vous propose de découvrir comment changer – non pas votre vie, mais la manière de la vivre, de la coder, de l'interpréter. Ce n'est pas la réalité qui nous limite, mais bien l'idée que nous nous en faisons. Nous ne pouvons pas changer la réalité. Nous pouvons, en revanche, changer l'idée que nous nous en faisons. C'est là notre pouvoir d'homme LIBRE.

Pour ma part, je regarde le beau, le clair, le bleu, le rose. Et cela ne veut en rien dire que je nie le sombre. Non, je fais confiance. Tout en agissant moi-même dans le sens du changement que je désire...

Je vous le répète, l'optimisme est une hygiène de vie, une manière d'appréhender la vie. Il n'est pas de manière de vivre qui soit meilleure qu'une autre. Il y a juste des manières qui vous permettent d'être plus libre, plus juste, plus heureux. C'est vous qui choisissez. Personne d'autre...

Vous seul avez en main le manche qui vous envoie d'un côté ou de l'autre de la vie. Il y a, d'un côté, le factuel, la réalité contextuelle. Et, de l'autre, votre interprétation, l'idée que vous vous en faites. Vous ne pouvez pas changer les faits. Vous avez le pouvoir de changer votre manière de les vivre, de les interpréter. Et parfois, pour ne pas dire souvent par excès d'optimisme, vous changez le cours d'une histoire qui était toute tracée par les intellectuels, les penseurs modernes médiatiques, les médecins et professeurs aux pronostics affûtés par tant d'années d'expérience ou tant de statistiques irréfutables...

Croyez toujours au diagnostic, s'il est fait dans les règles de l'art et qu'il est essentiellement factuel. Ne croyez jamais aux pronostics qui, selon moi, par plaisir de contradiction sans doute, existent uniquement pour être déjoués. C'est un de mes traits de caractère : je ne supporte pas l'idée d'être enfermé dans la pensée d'un autre. Je ne supporte pas d'être privé de ma liberté essentielle : celle, comme le disait Florent Pagny, de penser.

Ne croyez jamais aux pronostics qui, selon moi, existent uniquement pour être déjoués.

D'aussi loin que je me souvienne, j'ai toujours refusé l'autorité. J'ai, en revanche, toujours accordé mon crédit à celles et ceux qui faisaient autorité, quels que soient les contextes. Ces gens-là ont souvent un trait de caractère commun : un optimisme constructif, une bienveillance à l'égard de tous, un respect des hommes et de leurs idées. Et une force, que certains appellent l'utopisme – par esprit critique ou par manque d'imagination. Les créatifs sont souvent des utopistes, dans le bon sens du terme, c'est-à-dire des personnes qui croient en ce qu'elles font et osent aller au bout de leurs projets. Les inventeurs et les chercheurs, tant qu'ils n'ont pas trouvé, sont considérés, à tort, comme des « utopistes », de doux rêveurs... Pourtant, ils sont habités par ce même trait de caractère : ils croient en ce qu'ils font. Ils ont la foi.

Avoir la foi est un sentiment bien indescriptible, pour lequel nous n'avons pas de mot.

L'optimiste, celui qui vit en positif, a foi en une vie meilleure, tout en ne rêvant pas. Et il nourrit cette foi par des comportements, au quotidien, qui sont d'une telle puissance d'inspiration, qu'ils emportent son entourage.

Nous verrons aussi que l'optimiste est responsable, qu'il peut être vigilant sans être méfiant, et s'en tenir au factuel sans être aveuglément positif.

Mon grand-père disait une phrase que j'ai toujours retenue : « Prendre un parapluie ne fait pas pleuvoir. » L'avoir permet juste, si le soleil se voile derrière des nuages de pluie, de ne pas être mouillé.

Le pessimiste à outrance devient cynique. Il se délecte du malheur des autres. Les médias le sont...

L'optimiste est confiant et fait confiance. Il développe des comportements de gentillesse.

Nous avons tous en nous les deux faces, les deux loups. Nous l'avons vu, celui qui l'emporte est celui que nous nourrissons le plus.

Je porte sur le monde un regard qui favorise la vie.

C'est bien le but de ce livre : vous donner un peu de mon optimisme, vous apprendre à nourrir la face positive de la vie, vous inoculer le virus de la pensée constructive, pour ne pas dire – parce que le terme est galvaudé – positive.

Devenir quelqu'un pour les autres, avec qui tout devient possible.

Chapitre 1

L'optimisme, un ami qui vous veut du bien

« Un pessimiste voit la difficulté dans chaque opportunité, un optimiste voit l'opportunité dans chaque difficulté. »

Winston Churchill

Quelques définitions…

D'abord, regardons de près ce que les dictionnaires[1] disent de l'optimisme. Généralement, leur approche en dit long, et c'est ici le cas. Car ils sont souvent le reflet d'un état de conscience collective, surtout lorsqu'ils définissent des concepts subjectifs…

Un peu d'étymologie et d'histoire :

1. 1737 : « Doctrine philosophique qui soutient que tout ce qui existe est le mieux possible », *Mémoires de Trévoux*, p. 207 (à propos des *Essais de théodicée* de Leibniz).

2. 1788 : « Disposition à prendre les choses du bon côté », Collin d'Harleville, *L'Optimiste*, II, 7 dans Le Littré.

3. Dérivé de l'adjectif latin « optimus », « le meilleur ». Superlatif de « bonus » (« bon ») et suffixe « isme ».

Pour le Larousse :

- Doctrine philosophique d'après laquelle le monde est bon et le bien y tient plus de place que le mal.

- Disposition de l'esprit qui incline à prendre les choses du bon côté : tempérament enclin à l'optimisme.

- Confiance dans l'issue favorable d'une situation : attendre des résultats avec optimisme.

Les lecteurs qui prennent les mots au pied de la lettre seront servis ! On y retrouve les oppositions des thèses classiques, et néanmoins fort intéressantes. Celles, dans le désordre, de Voltaire, Platon et Socrate, de Leibniz, Descartes, Locke… Loin de moi l'idée de jouer

1. Source : cnrtl.fr.

le professeur de philosophie, que je ne suis pas, vous ai-je déjà dit. Je ne me risquerai pas à redévelopper leurs thèses. Je préfère avoir la responsabilité de développer les miennes...

Décortiquons les définitions du Larousse. Donc, ce serait une *« doctrine »* ! *« D'après laquelle le monde est bon. »* Eh bien, dites-moi ! Et le bien y tiendrait plus de place que le mal. Alors là, surprenant... En tous les cas, pas très crédible pour celui qui a les pieds sur terre et qui vit tous les jours au rythme des médias et de ses difficultés – très actuelles – de fin de mois, de santé, de couple, d'éducation (pour faire au plus simple !). Il est vrai, si l'on ne tient compte que de cette définition, que cela ne pousse pas à « être optimiste » ! Mais on peut y croire, après tout. Il n'est juste pas facile, avec de telles idées, d'inspirer de futurs positifs...

La deuxième définition est un peu plus... acceptable. Encore faudra-t-il l'expliciter. Une disposition qui incline à prendre la vie du bon côté. Plus qu'acceptable, elle se rapproche de ce que j'ai envie de vous faire partager. On pourrait « disposer » d'un esprit tel, qu'il nous permettrait de *« prendre les choses »* selon plusieurs « côtés », au moins un bon et un moins bon, plutôt en étant centré sur le *« bon »*. Le dictionnaire n'est qu'un dictionnaire, et il ne précise pas comment procéder. Les sceptiques diront : « Facile à dire, pas facile à faire. »

« Confiance dans l'issue favorable d'une situation. » Là, et précisément là, les ultraréalistes cyniques s'empresseront de démontrer, exemples multiples à l'appui, que l'on a beau avoir confiance *« dans l'issue »*, la vie, elle, révèle bien souvent des issues qui paraissent (je dis bien « paraissent ») défavorables. Ils donneront le cas de cet homme, qui achète un billet de Loto et compte sur l'issue favorable du tirage pour rembourser ses dettes. Ou encore, de cette autre personne qui compte sur l'issue positive de son entretien d'embauche, persuadée

d'avoir tout fait, y compris une prière, pour obtenir le poste...

Les uns diront que leur éventuelle réussite est due à la chance. Les autres argueront que ces personnes manquent profondément de réalisme, ou qu'elles croient, à tort, aux miracles !

Comme si les optimistes, les positifs, ne faisaient qu'« attendre », ne s'en remettaient qu'au grand Dieu, au grand Architecte, au sort ou à la « chance »...

C'est bien mal comprendre ce qui se cache de factuel, de réel, de stratégique, mais aussi de volontaire, d'actif, de responsabilité et donc de « posture », derrière l'optimisme, qualificatif tout aussi niais (disent-ils) que la gentillesse et la bienveillance dans ce monde brutal et sans pitié !

Mon optimisme « par nature » et « par développement »

Moi, je suis et demeure profondément optimiste et positif. Pas par nécessité. Je pense qu'on ne devient pas optimiste par besoin de l'être. Je suis optimiste « par nature », d'abord, puis positif « par développement ». D'abord inconsciemment donc, puis consciemment !

Par nature, parce qu'autour de moi, il y a toujours eu de belles histoires. C'est comme ça. J'ai eu cette chance. J'ai baigné dans le positif. Pas que, mais en tous les cas, ce sont ces histoires qui m'ont marqué et c'est ce qui m'a sans doute « rendu » moi-même positif, malgré mes petits problèmes de santé.

Je suis né deux ans avant la disparition de mon grand-père maternel.

Il faisait, et fait encore, plus de cinquante ans après sa mort, l'unanimité. Un bon papa, un merveilleux mari, un Ami avec un grand A, un frère. Oh ! Certainement pas un homme parfait – y en a-t-il ? – mais Mamie avait tellement l'air heureuse avec lui, que je l'ai définitivement pris pour modèle. J'ai été éclaboussé dans mon jeune âge par toutes ces histoires que ma grand-mère me racontait et me raconte encore aujourd'hui, du haut de ses 95 ans. Une optimiste aussi, ma mamie, c'est comme cela que je la vois. Elle a traversé la vie comme une aventurière. Elle a vécu l'exode, quittant Nice à 19 ans pour « monter » à Paris, traversant la France, ma maman dans ses bras. Pas eu le temps de se marier, d'ailleurs... Elle le fera bien plus tard, après la naissance de mon oncle, un jour, comme ça, prenant mon grand-père par le bras pour le tirer devant monsieur le maire... Rien de facile pour elle, vraiment pas, mais une manière de raconter tout ça, cette vie, que j'ai codée comme un film. Je ne me souviens pas physiquement de ce grand-père, mais c'est comme s'il m'avait accompagné toute ma vie. Cet homme bon, serviable, présent, amoureux de sa montagne saorgienne – appelée « vallée des Merveilles », ça ne s'invente pas – dans l'arrière-pays niçois. Aimant la vie, au point de la brûler par les deux bouts. J'ai plein de photos de famille et de films, parce que mon père fixait tous ces moments sur pellicule super 8.

Je suis optimiste « par nature », d'abord, puis positif « par développement ». D'abord inconsciemment donc, puis consciemment.

À côté de cela, mon autre grand-père, Martin, un Auguste parmi les normaux, celui du parapluie, petit homme imposant et respectable. Un anticonformiste tout autant que mon autre grand-père, mais d'une nature différente. Lui esthète, là où l'autre fumait la vie. Lui sportif, là où l'autre, bien que bel homme et bien constitué, n'hésitait pas à festoyer, au grand dam de sa femme. Tous deux avec un courage « gros comme ça », sans doute de vrais optimistes, aimant le rire et les amis, l'action et les prises de risque.

Et moi, au milieu de cette vie à la Pagnol, j'emmagasinais tous ces exploits, toutes ces belles histoires, avec une protection quasi permanente de ma mère, de mon père et de ma sœur... Moi, petit malvoyant inconscient de cette chance de vivre dans cet environnement incroyable, qui me construisait en positif.

Voilà pour mon environnement. Je ne m'étends pas sur mon enfance à Troyes et ma première école – ça ne s'invente pas non plus, l'école du Paradis, rue du Paradis. J'y étais déjà, tout autant que j'y suis aujourd'hui, au paradis. Avec un groupe d'amis proches de mes parents, et ma première fiancée, Caroline, qui a, elle aussi – bien malgré elle –, marqué ma vie sentimentale d'homme, nous y reviendrons.

Bon, je pense que chacun a son histoire... mais la mienne est mieux ! Non, je plaisante ! La mienne m'a fait, m'a forgé une existence de gentil, d'optimiste, mais aussi, comme mes deux grands-pères, m'a inculqué une manière d'être anticonformiste, avec ce fort besoin de m'en sortir, de « me sortir » des autres et de me sentir profondément libre.

Maintenant, voyons le côté optimiste « par développement ». Parce que, finalement, c'est plutôt cela qui est intéressant.

Je suis un adepte du développement personnel. L'introspection m'est naturelle, comme certains ont la poésie dans le sang. Moi, j'ai le questionnement, le réflexe du miroir « socratique », le questionnement maïeutique. Gosse puis adolescent gentil, mais ayant des relations à l'autorité, et donc au père, plutôt complexes, ma mère me mit très vite entre les mains d'un bon psy. Dès mes 14 ans. Pas quelques séances, mais une vraie psychothérapie. De celles qui vous ouvrent des voies, pour ne pas dire des voix, que l'on ne connaît pas, comme ça, spontanément. Une vraie réussite. J'en mesure tous les bienfaits aujourd'hui. Je constate surtout ce que cela amène de force et de pouvoir de transformation, pour se faire confiance et développer sa capacité à donner aux autres cette force et cette confiance en soi.

C'est André Carel, grand psychiatre à qui je rends ici hommage, qui m'ouvrit les pistes du positif – en conscience. C'est lui qui, le premier, me fit comprendre ce que nous développerons plus loin et que j'appelle le « recentrage/recadrage » ; l'art et la manière de voir factuellement les choses dans tous leurs aspects, pour finir par choisir celles qui nous offrent le plus de liberté et de plaisir. Malgré mon environnement familial protecteur, et les belles histoires de Mamie et Auguste, je ne me trouvais pas franchement « à la hauteur ». Je me trouvais plutôt... différent, à dire vrai. Gentil, là où beaucoup de mes copains d'école étaient durs. Je me trouvais même minable, sur le tatami, les samedis de compétition de judo, où je rêvais de briller et d'être champion, devant mon papa venu me voir « tirer ». Journée qui finissait, en général, très vite, par un « *ippon* » gagné par mon adversaire unique (je ne passais bien souvent pas un tour !).

L'introspection m'est naturelle, comme certains ont la poésie dans le sang. Moi, j'ai le questionnement, le réflexe du miroir « socratique ».

Lors d'une séance, le docteur Carel me posa cette question toute simple : « Quand vous (il me vouvoyait !) éprouvez cette sensation de "tout rater", quelle vision avez-vous de vous-même ? » Ma réponse fut : « Je vois ce jeune homme qui ne se sent pas bien dans le monde dans lequel il vit, monde parfois trop moqueur, trop agressif, trop mesquin. » Effectivement, je me sentais souvent « à part ». J'avais l'impression d'être malgré tout « dans le vrai », mais pas à la hauteur des attentes de mon père et de mon grand-père. Étrange d'éprouver à la fois ce sentiment d'être « dans le vrai, le réel », et « à côté »...

André Carel me raconta, comme il savait si bien le faire, un conte : *Le Vilain Petit Canard* de Hans Christian Andersen. Vous connaissez probablement cette belle histoire. Une maman cane couvait avec délicatesse ses œufs. Vint le moment tant attendu de l'éclosion, et tous donnèrent naissance à de merveilleux petits Saturnin, sauf l'un d'eux, le vilain petit canard, qui ne ressemblait à aucun de ses frères et sœurs. Rejeté de tous, à cause de son physique ingrat, il fut contraint de quitter son « clan » et de partir en exil, pour ne plus subir railleries et agressions. Sur son chemin, à chaque rencontre, ceux qu'il croisait ne l'acceptaient pas plus. Très malheureux, au hasard de sa route, il tomba en admiration devant la beauté de drôles d'oiseaux qu'il ne connaissait pas : des cygnes ! Notre vilain petit canard s'approcha et réalisa, en regardant son propre reflet dans une mare, qu'il n'était plus ce vilain petit canard difforme, au long cou et aux plumes bizarres. Il comprit en même temps qu'il n'avait, en fait, jamais été un canard, et qu'il était devenu lui-même un cygne. Il finit enfin par se respecter et se faire respecter, et eut une vie de cygne extraordinaire. Bon, la toute fin est de moi. C'est mon côté positif !

Cette histoire bien connue fut l'objet de mon premier recadrage, celui qui me fit toucher du doigt la force de l'esprit, la force du mental, pour ouvrir le champ des possibles. Tout en étant encore plus lucide vis-à-vis du monde des « canards ». Ce n'est pas la réalité qui nous limite, mais l'idée que nous nous en faisons. Nous la répéterons, encore et encore, cette phrase palo altienne, rogérienne (de Carl Rogers) pour être précis !

Mes fréquentations d'optimistes résolus

Il y a, parmi mes clients et mes amis, de nombreux optimistes. J'ai pu constater des constantes dans leur manière d'être, de vivre, d'élaborer leur réalité. Ce sont des personnages qu'il fait bon fréquenter, parce qu'avec eux le partage est facile, les échanges tout autant. La collaboration créatrice est remplie de constructions concrètes. Ils infusent, tout autour d'eux, une forme de bonheur contagieux.

Ce sont d'abord des gens qui sourient

Dès le matin, et même le lundi ! Ils vivent heureux et cela se voit. En toutes circonstances ou presque, ils ont ce sourire qui, parfois, pourrait énerver les plus pessimistes. Un sourire insolent, qui dérange... ceux qui ne sont pas très heureux. Quoi de mieux que de voir des gens heureux ? Leur part de bonheur ne m'enlève pas le mien. Ni celui de personne d'ailleurs.

Curieusement, ce sont aussi des gens qui ont le moral. Cela va avec leur sourire. On ne sait pas si c'est le bon moral qui donne le sourire, ou le fait de sourire qui amène une hausse de moral. Je vous expliquerai plus loin que les comportements, les pensées et les émotions que nous avons, font partie d'un tout interdépendant, et que non seulement nos pensées influencent nos émotions et nos comportements, mais aussi – et cela est moins connu – l'inverse : nos comportements, notre manière de nous tenir, de parler, de marcher, de bomber le torse, peuvent nous donner le moral et influencer nos pensées... Et ce bon moral que je constate chez mes proches optimistes se traduit vraiment par cette démarche droite, et ce sourire qui vous accueille et vous transmet un peu de leur bonheur.

J'ai fait une rencontre formidable aujourd'hui même, dans la droite ligne de ces gens dont je parle, qui ont le sourire, le moral. Mon *Pouvoir des gentils* et son teddy-bear[1] accrochent parfois des personnages pleins de surprise. C'est le cas de Bruno Guinand, la soixantaine grisonnante, bien portant, spécialiste de la communication et de l'écoute. Un pédagogue, sans aucun doute, sévissant dans une agence de communication et distillant la bonne parole à des élèves classiquement assoiffés de marketing. Il leur donne bien plus, Bruno. L'école lui renouvelle son contrat, parce qu'il est de ceux qui respirent le positif. Il a deux filles de 26 et 30 ans. Toutes deux sont polyhandicapées. Elles n'ont pas mon petit handicap à moi, mais les plus terribles ; elles sont dépendantes pour manger, se déplacer, ne parlent pas – tout du moins avec nos mots –, tant elles disent et vivent d'autres choses. Placées en maison spécialisée, elles vivent ensemble et ont développé un sens kinesthésique hors du commun. Leur prise en charge est totale. Lorsque Bruno m'a raconté sa vie, je me suis d'abord senti presque plombé, lourd moi-même de son histoire. J'ai fait l'« éponge ». Mais, très vite, j'ai entendu son sourire. Il me dit lui-même qu'il ne vit pas cette vie comme certains l'imaginent. Son expérience à lui est faite d'amour, de tendresse et de découverte. Il s'est découvert aimant, plein de patience et de bienveillance pour ses « bébés », comme il aime à

1. Sur la couverture de mon dernier livre, *Le Pouvoir des gentils*, un teddy-bear a été intégré.

On ne sait pas si c'est le bon moral qui donne le sourire, ou le fait de sourire qui amène une hausse de moral.

les appeler. Ses amis le plaignent, mais il leur dit avec douceur : « Mes filles, même si leurs difficultés représentent un vrai poids, il ne faut pas le nier, m'ont appris l'amour véritable, le don de soi, et m'ont rendu... optimiste. J'ai le moral à 150 %. »

L'optimiste a confiance en l'avenir

Les optimistes incarnent une réflexion d'Antoine de Saint-Exupéry dans son livre *Citadelle* : « *Préparer l'avenir, ce n'est que fonder le présent. [...] Il n'est jamais que du présent à mettre en ordre. À quoi bon discuter cet héritage. L'avenir, tu n'as point à le prévoir mais à le permettre*[1]. » L'avenir se conjugue non pas au futur, mais au présent. Le passé n'existe plus et le futur n'est toujours pas là. La seule chose réelle, factuelle, est l'« ici et maintenant ».

Les optimistes ont cette merveilleuse capacité de se faire confiance et de considérer que les choix qu'ils viennent de faire – à l'instant – ont été faits selon les meilleurs critères possibles, là, ici et maintenant. Peut-être auraient-ils fait mieux deux minutes plus tard. Une seule chose est sûre, et ils le savent, nos optimistes : leur choix était le meilleur ! C'est comme ça.

1. Antoine de Saint-Exupéry, *Citadelle*, éditions Michel Quesnel, 1948.

L'optimiste est un vrai curieux

Pas une journée ne s'écoule sans qu'il cherche, sans qu'il rencontre, sans qu'il cherche à rencontrer et à comprendre. Les optimistes s'intéressent à tout ce qui touche aux sujets qui les passionnent. Ce n'est pas l'apanage des optimistes, bien sûr, mais, chez eux, cette curiosité n'est jamais malsaine. C'est une soif d'apprendre, de comprendre, qui a davantage trait à la recherche et à l'expérimentation, qu'à la culture et au remplissage intellectuel. Ils sont sensibles à la vie et à ce qu'elle offre parfois de curiosités. Ils les remarquent, et s'en émerveillent. Ils sont à la fois « curieux de tout » et sensibles, comme une âme d'enfant. Pas frustrés, jamais désabusés.

L'optimiste est un créatif

Les optimistes se projettent, et sont en permanence dans la recherche de solutions aux problèmes qu'ils peuvent rencontrer. Nous le verrons plus loin, ils ont une manière simple d'être orientés vers les solutions, plutôt que de rester englués dans ce qui ne va pas, à ressasser et à se plaindre que la vie n'est pas facile, que la crise durcit le quotidien, que les politiques ne font rien pour le faciliter, que le cancer est partout, et tout et tout ! Les optimistes ne sont pas de ces amis abonnés à Facebook, qui collent tout ce qui les dérange sur leur mur des « lamentations ». Non, ils adoptent la posture inverse. Créatifs ils sont, et en créatifs ils vivent. C'est un vrai bonheur que de travailler avec ces positifs-nés. Ils ne vont jamais dans le sens de la critique négative, ils préfèrent toujours s'orienter vers la recherche du possible.

Ils sont inconsciemment des adeptes de la stratégie de créativité de Walt Disney. Travailler selon la méthode Walt Disney ouvre grand les portes des possibilités les plus folles. Savez-vous comment le grand Walt et ses équipes ont créé *Blanche-Neige*, *Mary Poppins*, *Les 101 Dalmatiens*, et tant d'autres merveilleux succès ? Vous n'allez pas en croire vos yeux ou vos oreilles : ils faisaient « comme si » tout était possible. Ils créaient sans aucune autre contrainte que celle de cerner et approfondir leur sujet. Ils avaient trois lieux différents pour travailler, chacun ayant une « destination » très précise. Quiconque ne respectait pas la « destination intellectuelle du lieu » était immédiatement exclu de l'équipe de création.

Le premier lieu s'appelait *« as if »* : c'était le lieu où tout est permis, le moment précis où il faut se lâcher, où les adultes redeviennent des enfants. La consigne était simple : faites comme si vous aviez tout pouvoir, comme si vous pouviez tout réaliser. Un arbre qui parle, des animaux qui se lient d'amitié pour mieux se défendre des chasseurs féroces, une magicienne qui débarque sur son nuage... Tout... Des enfants tout grands !

À l'issue de cette étape, et pas avant d'avoir recueilli un maximum d'idées géniales, chacune d'elles était passée à la moulinette dans une deuxième « salle » dite *« realistic »* : traduisez « réalisation réaliste ». Une autre forme, plus logique celle-là, de créativité y était développée. Ces mêmes grands enfants cherchaient tous les moyens techniques et scénaristiques de donner vie réelle et crédibilité à leurs idées de gosse.

Ils se dirigeaient ensuite dans la troisième pièce, plus « conventionnelle », appelée *« critic »* : traduisez, non pas « destruction critique de l'idée », mais plutôt « feed-back ». Là, chacun faisait grandir encore les pistes créatives amorcées en amont *via* sa confrontation constructive aux autres.

Aspect intéressant, chaque pièce était conçue selon une « psycho-géographie » spécifique ; selon une disposition cohérente avec sa destination. La pièce *« as if »* était aménagée de chaises placées en rond. La pièce *« realistic »* était disposée à la façon d'un théâtre, avec une scène et quelques chaises en face. Dans la pièce *« critic »*, les chaises faisaient face en une ligne à l'« idée » que son porteur défendait.

Sans aller jusque-là dans nos vies quotidiennes, cet enseignement du grand Disney (que nous utilisons souvent pour des séances de créativité en entreprise) nous montre ce talent que nous avons tous, encore plus en tant qu'optimiste, à savoir créer nos propres solutions, et ainsi à sortir de la complainte assourdissante. Nous seuls avons les solutions aux problèmes que nous nous posons. Nous pouvons devenir de vraies « machines à solutions », encore faut-il d'abord en être persuadé, puis savoir comment y arriver. Ce que nous verrons bientôt...

Créatifs ils sont, et en créatifs ils vivent. C'est un vrai bonheur que de travailler avec ces positifs-nés.

L'optimiste travaille en mode coopératif

Jamais en mode « concurrence ». Souvent, d'ailleurs, l'optimiste, le positif, ne connaît pas ou mal sa concurrence. Le sentiment de concurrence lui est assez étranger. Il le connaît, parce qu'il est tout sauf naïf, mais il est d'abord alimenté par l'idée de construire, plutôt que de détruire ou de contrer. Vous reconnaîtrez un optimiste dans une équipe en entreprise, ou dans un *team* sportif, parce qu'il est précisément de ceux qui partagent. Il finira l'action vers le but, mais saura aussi parfaitement lancer ses équipiers pour réussir un but commun. Il a le sens du commun, du partage et du collectif. Peu lui importe d'avoir raison contre, il préfère donner raison à.

L'optimiste est persévérant et déterminé

On reconnaît l'optimiste coopératif, créatif, curieux, parce qu'il a non seulement le sourire aux lèvres, mais sait aussi faire preuve de patience et de persévérance, dans sa manière consensuelle de vendre ses idées, tout en écoutant celles des autres. C'est un homme ou une femme de consensus, tout pétri(e) de souplesse et de flexibilité. Adepte, dans cette persévérance, de la fameuse « loi de la variété requise », chère à la systémique, mais aussi à la vie.

L'optimiste développe une forte capacité de remise en cause, et sait ne pas s'accrocher *mordicus* à une idée que ses équipiers n'acceptent pas. Il va faire preuve de cette persévérance en allant « au bout des idées », au bout de la compréhension de l'autre. Notez que je n'écris pas « au bout de ses idées », tant il est ouvert à l'autre, à l'écoute de ses idées propres, mais aussi de celles des autres, dans l'échange. Parce qu'il sait que cette écoute, si difficile soit-elle parfois – surtout quand celui qui est en face se sent lui-même en « concurrence » ou en danger –, va permettre de faire s'évaporer, avec légèreté, toute résistance. Il sait créer la confiance indispensable pour faire passer tout contenu. Il sait ensuite ramener les gens « au factuel », grâce à cette relation de confiance.

L'optimiste a une vie sociale digne du pot de miel qui attire les abeilles

Il aimante les autres, parce que, mon Dieu ! qu'il est agréable de travailler avec ce « type », tout sourires, bienveillant ! Que les soirées sont légères en sa compagnie ! Pas un mot plus haut que l'autre, beaucoup d'humilité et de gentillesse. Et surtout, quel humour ! Le temps passe vite avec un optimiste...

J'entends certains d'entre vous me dire : « Mais Franck, es-tu sûr qu'il n'y a que les optimistes qui possèdent ces qualités que tu décris ? » Je leur réponds : « Je ne sais pas expliquer le phénomène, je ne fais que le constater. Et faites-le vous-même ! Faites le tour des amis avec lesquels vous aimez passer du temps qui, alors, file et vous semble léger, sans prise sur vous. Ce sont, bien souvent, pour ne pas dire toujours, de vrais positifs dans la vie, des optimistes constructifs qui ont les pieds sur terre. Ils vous attirent. Ils attirent aussi les critiques, il ne faut pas le nier. Mais ils savent les laisser glisser. Qui disait : "Quitte à être traité d'imbécile, je préfère être un imbécile heureux qu'un imbécile malheureux ?" »

Nous l'approfondirons, non seulement ces individus gentils ont un pouvoir – aimanter les autres –, mais ils sont aussi tout sauf ce que les idées reçues veulent bien vous laisser croire : tout sauf des imbéciles heureux !

Les leaders sont souvent des optimistes

Ces leaders que je décris justement comme de formidables visionnaires, capables, parce qu'ancrés profondément dans le présent, de faire adhérer à une idée de demain et de l'incertain ? Bon, il est vrai que nous en manquons parfois, surtout dans la vie publique. Mais il y en a. Nous en avons côtoyé. Nous en avons observés : des Lech Walesa, des Nelson Mandela, des Gandhi, des Kennedy. Des femmes et des hommes qui vous emportent avec eux et leurs idées, tant celles-ci sont vivantes et crédibles, tant elles font envie. Les optimistes sont souvent des gens qui ont cette capacité de survivre aux critiques des autres, voire à leur propre autocritique ; pas facile de résister au monde entier sans finir par se poser la question : « Ai-je raison ? » Ici intervient cette persévérance dont nous parlions plus haut, pour construire sa crédibilité, pour continuer d'avancer là où les plus pessimistes auront déjà abandonné, quitté le navire à la première vague ou au premier coup de vent. Inébranlables, nos optimistes. Ils continuent coûte que coûte, en étant sûrs d'eux. Néanmoins, ils écoutent. Ils ne sont pas seuls… Rappelez-vous, ils sont curieux, ouverts, créatifs, inspirants.

Les optimistes ont souvent cette capacité de survivre aux critiques des autres, voire à leur propre autocritique.

Alors, l'optimiste est-il un magicien ?

Il est capable de recadrer le sens de ce qu'il vit. Comme Bruno Guinand, il sait voir le beau dans ce qui peut apparaître aux autres comme hideux. Tout en étant réaliste et en comprenant que le moche peut être vraiment vécu comme moche par celles et ceux qui l'expriment ainsi. Mais tout en sachant, aussi, que certains n'ont pas encore le savoir-faire pour voir, de manière limpide, la chance, l'extraordinaire, dans le pourri et le sale. Il sait qu'il n'évitera pas la tristesse due à une disparition, ou les maux dus à la maladie, mais il a cette capacité alchimique de transformer le plomb en or. De choisir une interprétation de cette réalité qui soit dynamisante, créative, positive. Attention, nous verrons plus loin qu'il ne s'agit pas de nier – encore une idée reçue – le mal et la tristesse. Il s'agit « juste », mais ce sera « juste » essentiel, de constater sa propre magie, sa propre force à interpréter son expérience.

Je me rappellerai toujours la première interview de Jean-Paul Kauffmann, l'un des tout premiers otages, enlevé en mai 1985 à Beyrouth, et cela pour trois ans. Après avoir failli perdre la vie, dans des contextes d'atroces souffrances et à plusieurs reprises, il fut capable de prononcer (les voici en substance) ces merveilleuses paroles, positives, pleines d'optimisme réaliste : « Je ne connais pas l'historicité de ce prophète Jésus-Christ qui a soulevé les foules pendant quelque temps, mais il reste qu'il a prononcé des paroles sur l'amour ou la richesse que je trouve indépassables. Son message est même plus que jamais d'actualité. Il résonne très fortement en moi. Non seulement, dit-il, vous devez pardonner à vos ennemis, mais vous devez aussi les aimer. » Sans vouloir faire de jeu de mots, la messe est dite. Et nous verrons qu'il n'est – Dieu merci ! – pas indispensable de se retrouver dans de telles situations extrêmes pour « opérer » cette transformation, d'abord mentale, puis effective. Nous verrons que notre manière d'appréhender la vie et ses événements aimante, attire nos paroles et nos actes. AUTOMATIQUEMENT !

À la santé des optimistes !

Il paraîtrait que les optimistes sont plutôt en meilleure santé que les pessimistes. Ils dégageraient en masse une substance fort utile, la sérotonine, qui coule dans les veines de tous, mais surtout dans celles des veinards ! Je ne l'ai pas vérifié par moi-même, mais il est tout de même bon de savoir que les optimistes, selon une série d'études que vous retrouverez sur le lien http://blogs.scientificamerican.com/beautiful-minds/2015/02/23/is-an-optimistic-mind-associated-with-a-healthy-heart/, développeraient un moyen de protéger leur cœur. En effet, ces études ont démontré que vous, nous, optimistes, présentons un risque amoindri d'accident cardio-vasculaire. Cela « irait » encore plus loin, puisque les bénéfices de l'optimisme sur la santé permettraient de renforcer le système immunitaire. Et hop, le tour est joué ! Moi, j'ai choisi ma voie. Je roule et je verrai bien !

Balayons quelques idées noires sur la blanche fraîcheur de l'optimisme

Pour les cyniques, les « réalistes », les « vrais » penseurs, l'optimiste est un utopiste qui ne voit que la vie en beau, un doux rêveur dans le déni de la réalité factuelle. Un irréaliste embrumé, même pas sous l'influence d'une quelconque drogue. Non, il est comme ça, et même à jeun ! C'est vous dire ! Comme nous l'approfondirons plus loin (encore des promesses...), l'on peut être optimiste par nature – c'est comme cela qu'on débute dans cette « secte de ceux qui sont heureux » –, mais aussi analyser ce que sous-tend cet optimisme.

L'optimisme est une posture, une attitude, une position : celles du positif. En prenant de l'âge, ce que je vivais comme naturel m'est de plus en plus apparu comme modélisable. L'optimiste cache un vrai modèle, un fonctionnement copiable, imitable. Explicable même.

L'optimiste ne voit pas « en beau la vie », je dirais plutôt qu'il développe une capacité à « voir la vie en beau ». Notez bien la différence syntaxique. Il voit d'abord la vie, telle qu'elle est factuellement, dans sa plus pure « réalité conventionnelle », celle qui est admise par le collectif. Ensuite, il décide de l'embellir, de la faire belle.

Illustrons notre propos. Connaissez-vous cette histoire du paysan saharien qui, par un beau matin, s'aperçut que sa belle jument avait disparu ? Un drame pour cet homme, qui utilisait sa bête pour retourner la terre, mais aussi pour se promener parfois dans les terres de ses ancêtres. Ses voisins, apprenant la nouvelle, lui rendirent visite et le plaignirent : « Mon pauvre ami, dit l'un d'eux, quel bien triste événement que la perte de ta belle jument. » Ce à quoi le paysan répondit : « Je ne sais pas, je constate juste que ma jument n'est plus là. Il est vrai que je vais sans doute me fatiguer davantage. » Quelques jours plus tard, notre homme vit sa jument revenir vers son enclos. À côté d'elle, un magnifique étalon sauvage. S'armant de patience et aidé de son unique fils, il réussit l'exploit de le capturer. Ses voisins, apprenant la nouvelle, vinrent voir la bête dans son enclos. Elle était racée, fine et, à coup sûr, permettrait de gagner la course annuelle du village. « Tu as vraiment de la chance », lui signifièrent ses concitoyens. Ce à quoi notre homme répondit simplement : « Je ne sais pas, j'ai juste trouvé un cheval. C'est vrai qu'il est splendide. » Quelque temps plus tard, son fils, jeune et impatient, entreprit de dompter la bête sauvage. Pas facile d'approcher l'animal, mais la tentation de gagner la course fut telle, que le jeune homme choisit de faire fi des précautions dont il eût fallu user pour dresser l'étalon. Sans recueillir l'avis de son père, il grimpa sur le cheval qui, immédiatement, l'envoya voler, et rouler au sol. La chute fut violente et, en plus, le cheval sauvage vint piétiner l'adolescent. Jambe cassée et séquelles à vie, tel fut le diagnostic. Ses voisins, apprenant la bien triste nouvelle, allèrent soutenir le père, en le plaignant : « Mon pauvre, ton fils est estropié à jamais, tu ne t'en remettras pas et lui non plus sans doute. » Ce à quoi le paysan répondit : « Je ne sais pas. Il est tombé lourdement et s'est fait très mal. C'est vrai qu'il souffre, et il lui faudra du courage pour surmonter cette épreuve. » Les années passèrent et notre imprudent adolescent ne retrouva pas son aisance et sa forme physique d'antan. Il marchait doucement, cahin-caha, et les jeunes filles du village se moquaient parfois de sa démarche involontairement chaloupée. La guerre était proche, car le village voisin, querelleur depuis des siècles, avait décidé, une fois de plus, de martyriser ces habitants. Ordre fut donné par le grand chambellan de recruter tous les jeunes hommes en âge de guerroyer. Tous les voisins virent avec peine leurs fils partir à la guerre. Ce jour-là, le fils unique de notre ami paysan put rester aider son père pour protéger et cultiver les terres familiales. Comme à son habitude, le paysan constata, et resta réaliste.

Moralité ? Un événement *a priori* dramatique peut se révéler salvateur. Les choses ne sont pas toujours ce qu'elles laissent croire en apparence. En toute chose il y a du positif, encore faut-il le voir. C'est ce que nous appelons la « posture positive de l'optimiste ».

Chacun a le choix de ses interprétations. Être factuel, c'est être capable de discerner toutes les possibilités d'analyse et de compréhension. Sans généraliser à partir d'une seule de ses expériences, fût-elle marquante (chat échaudé craint l'eau froide).

Chacun a le choix de ses interprétations. Être factuel, c'est être capable de discerner toutes les possibilités d'analyse et de compréhension.

Les interprétations de cette réalité factuelle sont souvent des choix inconscients, que nous faisons à partir de nos expériences passées, mais aussi de notre éducation, de ce qui nous a été transmis par la vie ou dans le cadre de nos rencontres. Nous pouvons tous changer ce plomb en or, encore faut-il le savoir, puis le vouloir.

Ici, le père ne nie rien de ce qui arrive. Ni le négatif ni le positif. Il est capable de se réjouir de sa chance. Il est aussi capable – parce qu'il en fait le choix conscient, intellectuel – de distinguer, dans le noir, ce qui peut briller encore.

Voilà une description qui ne se veut surtout pas exhaustive, mais qui donne un aperçu concret de ce que sont les optimistes.

Alors, en êtes-vous un(e) ? En côtoyez-vous beaucoup, peu ?

Chapitre 2

20 règles d'or pour voir la vie en rose

> « Il n'est jamais problème qui n'ait un cadeau pour toi entre ses mains. Tu cherches des problèmes parce que tu as besoin de leurs cadeaux. »
>
> Richard Bach, *Illusions*[1]

1. Richard Bach, *Illusions*, J'ai lu, 2000.

Comment fait un optimiste pour rester positif dans un monde dit « résolument négatif et pessimiste » ? Nous allons voir qu'il développe des traits de caractère, pour ne pas dire de vraies compétences. Et qui dit « compétences » dit « modélisation ». À force d'observer, de noter, d'analyser, de tester et ce, depuis des années, je suis parvenu à constituer cette « matrice de l'optimiste » que je vous livre ici, laquelle vous permettra, si vous l'intégrez, de devenir optimiste ou d'approfondir, de révéler pleinement votre optimisme.

1 Ce n'est pas la réalité qui nous limite, mais l'interprétation que nous en faisons

Nous ne pouvons pas changer les faits. Mais nous pouvons toujours faire évoluer l'idée que nous nous en faisons...

Alfred Korzybski, grand influenceur de l'école de Palo Alto, donna le fondement de ce que nous allons développer dans cette section : *« La carte n'est pas le territoire. »* Il s'agissait pour lui de permettre aux gens de mieux communiquer, de mieux se comprendre, en étant centrés sur la réalité factuelle, plutôt que de se conformer à des interprétations erronées, transmises ou expérimentées.

En effet, nous vivons tous des expériences, tout au long de notre vie. Ces expériences, que nous codons comme étant la « réalité », sont vécues en solo, ou partagées. C'est le « territoire ». Mais, nous allons le voir, chaque individu se construit sa propre vision, représentation du monde. Du coup, il n'existe pas de « carte » unique du monde : la carte n'est pas le territoire.

Avant d'aller plus loin dans l'analyse de cet aphorisme, chassons quelques idées reçues...

Idée reçue n° 1 : quand nous sommes ensemble, nous partageons une même vision de la réalité

La seule chose que nous partageons, lorsque nous expérimentons, par exemple, une réunion de travail, ce n'est pas l'expérience de cette réunion, mais uniquement son lieu et son moment de déroulement. L'expérimentation est quelque chose d'unique, d'individuel, que nous sommes seuls à vivre de la manière dont nous la vivons. Personne, y compris les collaborateurs ou des membres de notre famille qui partagent cette même unité de lieu et de temps, ne la vit comme nous. Nous sommes « seuls au monde », individualisés totalement. Même si nous sommes en interaction avec les gens qui nous entourent. C'est cette confusion qui crée souvent des problèmes de communication.

Lorsque nous partageons le repas de Noël en famille, nous ne partageons que le repas, la table, les minutes délicieuses qui s'écoulent. Mais remarquez, déjà, que l'adjectif « délicieuse » n'est pas factuellement forcément partagé. Cet emploi est en lui-même une codification de notre propre « représentation ». Cela peut sembler évident, mais il est toujours bon de le rappeler : notre manière de stocker les informations sensorielles (visuelles, auditives, kinesthésiques, olfactives et gustatives) de ce repas de Noël nous est totalement personnelle. Elle n'est pas la même que celle de notre sœur, de nos parents et du reste de la famille, tous présents ce même soir de Noël.

Je retiendrai par la suite, consciemment ET inconsciemment, de nombreuses informations, qu'eux-mêmes retiendront peut-être aussi. Ce que nous stockerons d'images, de sons et de ressentis sera parfois sensiblement similaire, parfois très différent. C'est un fait. Pour l'heure, nous n'avons encore « rien interprété ».

Idée reçue n° 2 : nous sommes équipés d'un même matériel, nos cinq sens

C'est ce qui se fait de mieux, ne cherchez pas ! En cela encore, nous pensons – à tort – que nous percevons de notre environnement les mêmes choses que notre entourage. D'autant qu'ici et maintenant, ensemble, il nous apparaît évident que nous sommes confrontés aux mêmes événements. Rien n'est moins sûr… D'abord parce que nous ne sommes pas attentifs aux mêmes choses et aux mêmes moments. Ensuite, parce que notre manière d'utiliser ces performants outils neurologiques nous est totalement personnelle ! La façon dont nous mixons ces cinq sens nous est très spécifique : nous voyons plus ou moins largement, plus ou moins en couleur, plus ou moins flou. D'autres entendent mieux, et même des sons que nous ne percevons parfois pas. Ou sont attentifs à une phrase, au moment où nous sommes nous-même « dans nos pensées ». Vous comprenez : le simple repas de Noël devient un moment personnel très différent de celui des autres, que vous êtes le seul au monde à vivre de telle manière.

De cette réunion évoquée plus haut, nous avons mémorisé beaucoup d'informations, de toute nature. Vous saisirez donc aussi qu'elles soient très différentes, pour chacun de nous, collaborateurs présents. Même si certaines seront communes.

Ajoutez à cela qu'il y a des informations que nous ne capterons pas consciemment au moment de l'expérience à laquelle nous sommes confrontés, et qui vont venir s'agréger, se « coller » à nous, à la manière d'une publicité subliminale. Vous vous souvenez peut-être de cette fameuse vingt-cinquième image qu'une certaine boisson américaine insérait dans les bobines de films au cinéma, juste avant l'entracte, et qui pouvait vous pousser, bien inconsciemment, à aller consommer, dès la pause, ce fameux nectar. Il y a, tout autour de nous, de nombreux stimuli que nous stockons sans même en avoir conscience.

Il y a, tout autour de nous, de nombreux stimuli que nous stockons sans même en avoir conscience.

Vous aurez donc compris que la réunion « commune », ou le repas de Noël, n'ont finalement que quelques points communs.

Poussons l'analyse de cette fabrication individuelle de « carte ».

En même temps que vous vivez cette expérience, vous la confrontez à vos expériences passées. Ce que vous avez auparavant vécu vient se « coller » à ce que vous êtes en train de vivre. Ce qui peut influencer la manière dont vous êtes attentif, présent à ce qui se passe ici et maintenant. Ce rapprochement de votre présent et de votre passé se fait de manière quasi inconsciente, immédiate et automatique. Nous filtrons donc la « réalité factuelle » non seulement avec nos cinq sens, mais aussi au travers de nos expériences passées, stockées. Si la dernière réunion à laquelle vous avez participé s'est mal passée, vous aurez tendance à vous attendre – et c'est un réflexe naturel, même s'il n'est pas systématique – à la même chose lors de la prochaine réunion. Si le dernier repas de Noël fut un moment de pur bonheur, vous aurez tendance à en redemander !

Idée reçue n° 3 : l'éducation et les valeurs qui nous ont été transmises nous appartiennent aussi

De manière encore immédiate et simultanée, va aussi s'opérer un autre rapprochement, non plus avec vos expériences passées, mais cette fois avec ce qui vous a été transmis culturellement. Nous vivons dans un monde marqué par une « conscience collective », de grands principes psychologiques qui touchent à la fois à l'éducation et ses valeurs, ses critères, mais aussi à des croyances fondamentales, des archétypes familiaux ou culturels, transmis de génération en génération (franc-maçonnerie, scoutisme, religions, écoles réputées de type commerce, ingénieurs, administration, etc.). Il s'agit là de valeurs, de critères de vie, de croyances populaires, d'histoires et de mythes. Ce troisième « filtre » n'est pas directement expérimenté. Il nous est souvent transmis au travers des croyances familiales et sociales, traduites par les injonctions, les rituels, les credo, les principes.

Ainsi, voilà trois filtres qui déforment le factuel. Dans lesquels nous passons consciemment et inconsciemment ce que nous vivons de cette réalité pour construire notre « carte ». Les informations du moment présent nous enrichissent ou nous appauvrissent, nous y reviendrons, dans leur confrontation consciente et inconsciente avec nos expériences passées. Le territoire s'est alors déjà transformé à notre insu en cartographie. Nous avons encodé des faits au travers de ce merveilleux tas d'expériences personnelles, de croyances, de passé. Pour nous en faire une représentation toute personnelle, très individuelle. Nous avons fabriqué une carte du monde. Le monde est le territoire, le factuel, le constat de « ce qui est ». La carte en est notre interprétation, créée de toutes pièces, qui comporte, certes, quelques éléments factuels – mais souvent très peu – et de nombreuses interprétations attachées à notre passé, à notre culture, à nos croyances.

C'est pourquoi votre simple repas de Noël devient un moment génial et magique, qui réveille parfois de vrais ancrages passés (à la manière de la madeleine de Proust) et qui vous fera vibrer, vous, vos enfants et, peut-être un jour, vos petits-enfants, durant toute la vie. Ou bien, à l'inverse, un moment que vous n'appréciez pas, voire n'apprécierez jamais, pour d'autres raisons, liées à vos expériences passées aussi, ou à tout autre élément qui a pu vous échapper.

C'est ici que se joue la base de la base : l'optimiste est capable, en prenant du recul sur le contexte, de laisser exclusivement la place au factuel. Sans aucun phénomène d'interprétation. Il sait dénicher chez lui, mais aussi chez les autres, les manifestations de la transformation de « la réalité » en interprétations.

L'optimiste factuel, celui qui vit en positif, sait donc revenir au « territoire », tout en comprenant l'utilité de la « carte ».

Tout d'abord, comprenez bien qu'il n'y a pas de meilleures ou de moins bonnes interprétations que d'autres. Elles sont toutes légitimes. La réunion que vous venez de vivre avec vos collègues peut être à la fois une excellente réunion pour vous et une affreuse pour votre voisin. Ce qui est formidable ou horrible n'est pas ce qui s'y est passé factuellement. Mais « juste » la manière dont vous avez interprété la « réalité ». Il en est de même pour votre Noël !

En revanche, même si aucune interprétation n'est meilleure qu'une autre, vous comprendrez vite que certaines vous permettront d'agir avec plus de liberté, en ayant davantage de choix, que d'autres...

Comme vous reliez inconsciemment – pour l'instant – l'expérience que vous êtes en train de vivre avec celles vécues dans votre passé, ou avec celles relayées par votre entourage et vos croyances (famille, éducation...), vous allez, sans même vous en rendre compte, en tirer des conclusions, souvent hâtives.

Par exemple, si vous avez raté trois fois un entretien avec votre supérieur hiérarchique, lorsque le quatrième va se profiler, vous allez automatiquement, inconsciemment, tout naturellement, vous conditionner et réfléchir soi-disant factuellement, statistiquement même... et estimer qu'il y a peu de chances que ce dernier entretien se déroule parfaitement. Toutes les conditions seront alors réunies pour qu'effectivement cette quatrième fois ressemble aux trois premières...

Cette façon de penser est-elle réellement factuelle ? Pas vraiment. Elle est même plutôt déformée, pour ne pas dire inappropriée. La seule réalité factuelle que vous devriez pouvoir retenir est le constat suivant :

- « J'ai eu trois entretiens avec la même personne.
- Les trois entretiens se sont mal passés. Leur conclusion n'a pas été celle que j'attendais.
- Je n'ai pas pris le temps de comprendre ce qui s'est réellement passé et qui a amené un résultat qui ne m'allait pas, alors que je souhaitais précisément réussir mes entretiens.
- Je ne sais pas comment le quatrième se conclura.
- Il peut se terminer positivement ou pas. »

Là, nous sommes factuels. Autrement dit, rien n'est encore joué, même si les « statistiques » avancent plutôt le contraire. Pour ma part, j'aime justement déjouer les statistiques, en comprenant, en amont, quel est le lien entre ce que je fais et ce que j'obtiens : cette fameuse « loi de la variété requise », qui nous permet, avec un peu de recul, de comprendre ce que nous devons changer dans ce que nous faisons dans tel contexte, si nous obtenons invariablement un même résultat, négatif pour nous.

Je suis maître de ma vie, de mes choix, et suis positivement tourné vers le changement, en lui laissant toutes les chances de survenir.

Je suis maître de ma vie, maître de mes choix, et je suis positivement tourné vers le changement, en lui laissant toutes les chances de survenir.

Une amie me parlait très récemment de la « loi des séries », parce qu'elle constatait, en quelques mois d'intervalles, de nombreux décès dans son entourage. Ah, fameuse « loi des séries », qui n'est, à mes yeux, qu'une merveilleuse manifestation de la capacité de l'homme à amalgamer, à distordre la réalité. Cet homme, capable de rapprocher des faits qui n'ont aucun lien factuel entre eux !

Verre à moitié vide ou verre à moitié plein ? Vous vous rendez bien compte que la réalité factuelle consiste en un verre rempli jusqu'à sa moitié et vide de son autre moitié. La manière dont vous le consommerez ne dépend pas de cette réalité factuelle (le territoire, le monde), mais bien de votre interprétation (votre carte, votre interprétation).

Les deux visions sont bonnes, justes... Pas meilleures l'une que l'autre. Mais l'une des deux vous permet d'être plus heureux, vous permet plus de « choix », et facilitera l'atteinte de vos objectifs. Si vous voulez vous faire plaisir, vous boirez goulûment. Si vous voulez économiser, vous boirez doucement.

Prenons un autre exemple : vous vous promenez dans la rue, et l'un de vos amis vous frôle, sans vous saluer. « Bon sang, ce type est vraiment malpoli », pensez-vous dans votre « carte du monde ». Quelqu'un qui vous connaît et qui ne prend même pas la peine de vous saluer, quel manque d'éducation ! Ce qui vous laisse assez peu de choix dans vos propres comportements, la prochaine fois que vous croiserez cet ami. En effet, la façon dont vous interprétez le monde joue inconsciemment sur tous vos comportements et vos paroles, les influence. À la manière d'un robot, le stimulus « pas de bonjour » va déclencher votre réponse unique : « La prochaine fois que je le vois, je serai distant et sec. » Tout cela, sans que vous compreniez encore le processus interne qui se déroule en vous, à vos dépens.

L'optimiste factuel, celui que nous pouvons tous devenir pour créer plus de choix, plus de liberté dans nos vies, sera capable de rester dégagé de toute interprétation. Il constatera : dans les faits, mon ami m'est passé devant dans la rue et ne m'a pas dit bonjour. Le reste est pure fiction ! Interprétation ! Peut-être ne m'a-t-il pas vu, peut-être était-il pressé, peut-être ne m'a-t-il pas reconnu : autant d'explications plausibles que la créativité me permet. Ce qui est surtout enrichissant, dans cette manière de ne « pas juger », de ne pas interpréter les faits, c'est que l'on reste libre de ses comportements. Il y a, en revanche, une seule et bonne explication à ce qui s'est passé. Mais la seule personne qui la possède, c'est votre ami lui-même. Il vous appartiendra de le rencontrer, si cela vous pèse réellement, pour lui demander de vous la fournir.

Le pessimiste va sans doute penser – en faisant exclusivement référence à ses mauvaises expériences et à ses croyances limitantes – au pire. L'optimiste excessif choisira la plus positive des explications : « Oh ! Il ne m'a sans doute pas vu, ou pas reconnu. »

Nous vous suggérons de n'être ni l'un ni l'autre. D'être juste un « optimiste factuel », celui qui reste axé sur la réalité du territoire, le constat réel de ce qui EST.

Vous comprenez ? Il s'agit de rester fidèle au constat et de laisser la vie se dérouler librement. Pas d'optimisme béat, mais bien une vraie liberté de « non-interprétation ».

Ainsi, la boucle est bouclée et cette phrase est clé : « CE N'EST PAS LA RÉALITÉ QUI VOUS LIMITE, MAIS BIEN L'IDÉE QUE VOUS VOUS EN FAITES. » Vous ne pouvez pas changer les faits, mais vous avez le choix de l'interprétation que vous allez en faire. Choisissez d'opter pour ce qui vous booste, vous rend libre, vous permet le plus de choix et cadre avec vos objectifs. Si cela vous va, bien sûr !

Voilà le « secret » de base de ces optimistes : cette capacité qu'ils ont de ne pas interpréter les faits. Cette facilité – qui se travaille – à rester centré, si cela leur réussit, sur le constat.

Ce qui reste laborieux, c'est de nous débarrasser de nos mauvaises habitudes, de nos ancrages du passé délétères. Et de ces réflexes mentaux, merveilleux signes de notre intelligence d'être humain, mais qui portent en même temps que cette capacité de discernement, notre faculté de tomber dans des « raccourcis mentaux ». Nous reviendrons plus tard sur ces dernières notions.

Choisissez d'opter pour ce qui vous booste, vous rend libre, vous permet le plus de choix et cadre avec vos objectifs.

2 Le cadre : contraignant ou dynamisant ? L'optimiste en fait son allié

Je me suis aperçu que la notion de cadre était parfois difficile à vivre pour le commun des mortels, notamment pour des collaborateurs épris de liberté, d'autonomie. Pour beaucoup, le cadre est synonyme d'enfermement, de limitation. Pas pour les optimistes et les positifs.

Pour les enfants, même s'ils ne le réalisent pas, le cadre est ce qui leur permet de se confronter à la frustration et à la notion de limite. De vivre dans une société cadrée, limitée dans sa liberté physique à celle des autres. Comme le dit l'adage, ma liberté s'arrête là où commence celle des autres.

Pour ma part, j'ai cette fâcheuse manie (je vais vous la transmettre !) de tourner les expressions négatives en positives. Je traduirai donc celle-ci – vous verrez que cela change tout – par : « Ma liberté commence avec celle des autres. »

Autre exemple. J'échangeais avec une amie professeure de collège, qui me racontait comment elle développait de merveilleuses stratégies relationnelles en début d'année scolaire pour « garder la bonne distance avec ses élèves ». Je notai attentivement sa tournure, et ne pus m'empêcher de lui faire remarquer qu'il serait sans doute plus judicieux de dire « trouver la bonne proximité ».

Mais, un cadre est un cadre... Il entoure, il contraint.

Savez-vous que la créativité est facilitée par l'existence d'un cadre ?

Sans contrainte, la créativité sur un sujet donné s'étale. Elle devient délire, plutôt qu'innovation. Le cadre donne des contraintes directionnelles, un sens à la recherche. Comme nous l'avons vu plus haut, le grand Walt Disney et ses équipes avaient un cadre – celui imposé par le sujet et le scénario – à partir duquel, tout en le respectant, ils pouvaient laisser libre cours à leur imagination.

J'ai toujours été frappé par cette débauche de créativité, dans les *teams* de formule 1, pour contourner chaque année un règlement imposé par la FIA[1], toujours plus contraignant, en recherche de plus de sécurité, d'économie. C'est un fait : chaque écurie progresse dans le cadre imposé, sur tous les sujets qui la motivent ; vitesse, puissance, sécurité, solidité, légèreté.

Dans tous les contextes, les contraintes peuvent être vues comme de merveilleuses opportunités de dépassement. Cette façon de voir les choses, cette « carte du monde » permet non seulement de s'« accommoder » de la réalité contraignante, mais, surtout, de prendre du plaisir à faire son métier, son art, son sport.

C'est une stratégie de l'intelligence humaine. Le cadre augmente la créativité : celui de la loi contraint le hors-la-loi à la contourner. Le cadre de la technologie pousse à inventer de nouveaux procédés. Ce que nous constatons chaque année au départ des grandes courses cyclistes où – au grand dam des coureurs eux-mêmes – les technologies de dopage dépassent l'entendement médical pour permettre aux sportifs de se dépasser eux-mêmes. Pas un bel exemple sur le plan moral, mais ô combien parlant pour démontrer que le cadre – négatif dans ce contexte ! – est une vraie source de progression.

1. FIA : Fédération internationale de l'automobile.

> ***La créativité est facilitée par l'existence d'un cadre. Sans contrainte, elle devient délire, plutôt qu'innovation.***

Et soyez conscient que c'est votre manière d'avoir vous-même vécu vos contraintes, vos cadres d'enfant, puis d'adolescent et, enfin, de jeune adulte, qui aiguillera vos propres enfants vers l'une ou l'autre des représentations du cadre : cadre limitant… Ou cadre libératoire ! Encore une fois, le cadre est le même. C'est l'idée que je m'en fais… qui fait toute la différence.

3 L'optimiste se sent responsable de ce qu'il vit

Qu'il est facile d'accuser son entourage de ce qui vous arrive quand vous ne savez pas gérer le flot d'inattendus ! Tellement plus simple de pester contre les autres, plutôt que contre soi-même. Je me suis réjoui plus d'une fois de cette autre capacité des optimistes à accepter la vie telle qu'elle vient, mais surtout à savoir, dans chaque situation, y faire face.

L'optimiste, factuel, profondément positif, construit sa vie. Il se fixe des objectifs et son corollaire – un chemin. Mais qui peut réserver parfois de belles surprises.

L'optimiste se projette dans l'avenir en positif. Il jouit d'une confiance quasi absolue en lui et, surtout, en ce que lui réserve la vie. Il l'accepte et, plus encore, la transforme au fur et à mesure que les événements se présentent. Pas toujours facile. Parce que ce qui se présente, comme nous le savons, peut faire mal, peut faire peur, peut aussi paralyser. C'est là que cet optimiste fait preuve de responsabilité. Pas d'apitoiement, mais un réalisme tourné vers l'action, la prise en main des responsabilités (au sens étymologique du terme : « répondre de »). Il donne la priorité à l'action et fait, ici et maintenant, ce qui fera surgir l'avenir, un avenir que personne ne connaît à l'avance. Mais notre optimiste sait une chose : tout ce qui se présentera viendra de sa construction, de sa cocréation avec les autres, de ses actions, de ses réactions. Il va continuer de transformer ce tristement plomb pour les uns, en merveilleux or pour lui-même.

La vie est la moisson de nos propres choix, pas ceux de nos voisins. Le reconnaître, c'est être responsable.

Et cette expérience est exponentielle : plus vous accumulez les pas gagnants, plus ceux-ci sont précis, longs et puissants. Faire face à vos responsabilités vous rend chaque fois plus optimiste, réaliste. Plus libre dans une vie dite contraignante, dure et moche.

La vie est belle... Puisque c'est vous qui la créez ! Comprenons-nous bien. Les éléments se déchaînent sans que je puisse y faire quelque chose : pas le choix. Mais la « beauté du tableau » dépend de ma manière de peindre ; ni des pinceaux ni du support, ni des tubes de couleur !

Quand un optimiste réussit, il se sent responsable de sa réussite. De même, lorsqu'il n'atteint pas son objectif, il s'en sent responsable. Il sait s'attribuer les lauriers de ses combats victorieux en s'analysant, tout autant qu'il est capable de faire preuve de flexibilité et de prise en compte des feed-back « nourrissants » quand il échoue.

4 L'optimiste a une grande capacité d'introspection

Ce que j'ai fréquemment retrouvé chez « mes optimistes », mes clients, mes amis, mes proches, c'est cette envie profonde de se connaître vraiment. Ce sont tous des adeptes – sous une forme ou sous une autre – du développement personnel. De psychanalyse, de psychothérapie, ou encore de méditation, de toutes formes de « thérapies ». Ce qui, aux yeux des pessimistes en tout genre, est réservé aux « malades », aux gens à problèmes. Pourtant, thérapie veut bien dire « soin », n'est-ce pas ?

Le sens de cette quête est le soin. Mais il s'agit de savoir « juste » prendre soin de soi. Pour mieux prendre soin du monde. Bref, une pensée presque bouddhiste, sans pour autant l'avoir forcément développée consciemment.

La confiance en soi permet de vivre au vrai sens du terme, de profiter de tout ce que la vie nous offre. Pas juste le « beau ». Tout. En cherchant le beau là où on ne le voit pas spontanément.

Parce que les optimistes sont confiants, ils communiquent autour d'eux cette culture du possible, la rendent contagieuse, elle qui ouvre la voie à tous les projets, qui permet le plaisir.

Ce sont aussi des gens qui ont de l'amour pour les autres, mais avant tout l'amour de « soi ». Pas des égoïstes, comme on aime à le faire croire dès que quelqu'un « ose » s'occuper de lui-même, ose dire non ou oui. Ces gens-là ont compris que le contraire de l'amour n'est pas la haine… mais la peur.

La confiance en soi, en la vie et en tout ce qu'elle a de plus noble, de plus beau, amène le lâcher-prise, la confiance absolue dans tout ce qui arrive, et permet de rechercher, de découvrir, sous le tapis, bien cachée, la petite perle de positif.

Je vous entends d'ici glousser, et dire que tout cela est bien beau, que ce sont de jolis mots, mais que la barbarie restera toujours la barbarie. Que la mort sera toujours la mort. Et vous avez raison. Encore une fois, l'optimiste n'évite pas la mort, l'accident, la maladie. Il sait juste en tirer la vie, l'action, la construction. Il sait – même si cela peut sembler paradoxal – tirer la vie de la mort, le noble de la barbarie. Sans l'éviter. Cela ne l'empêchera sans doute pas de souffrir dans sa propre chair. Mais cela lui permet de vivre pleinement. Et ça, c'est un merveilleux cadeau auquel nous avons tous accès. Si nous le voulons.

Ce sont aussi des gens qui ont de l'amour pour les autres, mais avant tout l'amour de « soi ».

La démarche qui consiste à se faire aider pour mieux se comprendre est souvent nécessaire, mais pas obligatoire. En effet, j'ai rencontré de belles personnes qui ont développé, seules, cette merveilleuse manière de vivre positivement. Qui ont ce sourire sur la vie, qui vous donne envie d'en avoir un aussi beau. La confiance crée la confiance, de la même manière que la gentillesse est contagieuse.

Enfin, cette confiance en soi et la confiance en l'autre permettent de développer une vision de la vie et du futur qui est, elle aussi, confiante. Confiance en l'avenir, confiance dans le dénouement des nœuds – pas toujours où et comme on l'attend d'ailleurs, la vie prenant parfois des chemins de traverse auxquels on ne s'attend tellement pas. C'est d'ailleurs là un point commun à ces positifs, ces optimistes : ils n'attendent pas « un chemin » ou une manière idéale de vivre. Ils savent prendre ce qui se présente, tout en ayant une idée de ce qu'ils veulent, mais sans pour autant en faire une fixation. Ça enlève de la pression !

Je me souviens de ma fille Cloé, révisant son baccalauréat de français. Elle paniquait à l'idée de ne plus rien savoir le jour J, imaginant la page blanche, le trou à l'oral, face à un texte qu'elle n'aimait pas ou qu'elle ne comprenait pas bien. Bon, la panique normale que tout élève a sans doute vécu. Je lui faisais alors relativiser les enjeux qu'elle mettait derrière ce bac : l'obligation de passage, cette barrière à traverser, pour aller vers le monde des études « supérieures ». Comme si, recalé, vous restiez en quelque sorte « inférieur ». C'est effectivement l'idée qu'elle s'en faisait, et sa « carte » ne lui permettait, sans aucun doute, pas d'avoir accès à ses – pourtant – nombreux talents. Elle réfléchit, puis fit ce chemin tranquillement : elle transforma cet enjeu en opportunité d'expression, visualisa d'ailleurs le texte qu'elle voulait présenter, tout en restant ouverte au fait que, quoi qu'il se passe, ce serait bien pour elle. Après tout, une bonne ou une mauvaise note en français ne fait pas le bac. Elle avait juste à se concentrer sur ce qui dépendait d'elle pour être fin prête le jour J : la connaissance de ses textes, son sommeil et son équilibre alimentaire, sa santé, son « mental optimiste ». Il allait aussi falloir « lâcher les freins ». Plus compliqué le moment venu, c'est certain. Pour cela, il fallait même – comme le formule Alexandre Jollien dans son merveilleux *Petit Traité de l'abandon*[1] – apprendre à *« lâcher le lâcher de frein »*... Ce qu'elle fit avec le plus grand des naturels. À ma grande surprise, et pour ma plus grande fierté. Elle ne le saura que plus tard : cette expérience constitua un formidable ancrage positif, un petit morceau de confiance en la vie, toujours dans sa poche.

1. Alexandre Jollien, *Petit Traité de l'abandon*, Seuil, 2012.

Le jour de l'examen, elle tomba – par chance diront les uns, par hasard diront les autres – sur son texte préféré. Avec un petit 16 à la clé... Pour ma part, je dirai juste : « Elle est tombée sur son texte préféré. Et c'était bien pour elle. » Surtout, n'émettons aucune conclusion hâtive. Tenons-nous-en au factuel. Car cela ne prédétermine rien, n'engage rien pour la « suite des événements ». Ça met, en revanche, du baume au cœur.

5 L'optimiste est un obsédé… des points forts !

Il est centré sur ses points forts et ceux des autres, et cherche à les renforcer, à les développer, plutôt que de regarder les points faibles et les travailler. C'est une pratique courante en sport de haut niveau. En effet, lors de mes expériences dans le haut niveau tennistique, c'est une règle que j'ai toujours vu suivre par les plus grands entraîneurs avec les grands champions que j'ai pu côtoyer : Patrice Hagelauer, Georges Goven, Éric Deblicker, Éric Winogradsky… Tous des adeptes des points forts. Il s'agit de mettre tout en œuvre pour développer les capacités, les talents naturels, plutôt que de minimiser ou de réduire les difficultés.

Concernant l'éducation de nos enfants, c'est LE moyen de créer chez eux, et de manière durable, une vraie et solide confiance. Naturellement, traiter en positif les points forts de nos enfants les amène inconsciemment à réduire leurs propres points faibles. En les engageant, indirectement, à ne pas se focaliser sur ce qui les gêne, ce qui les ralentit.

Mieux vaut, encore une fois, exploiter ses talents, et ainsi créer, pour nous et pour les autres, une bonne ambiance, faite du plaisir intense que nous ressentons quand nous réussissons. Cela permet d'engendrer de forts ancrages positifs pour affronter, si besoin, les épreuves.

C'est ce qui nous permet de mobiliser instinctivement nos compétences « inconscientes », celles qui sont profondément en nous, et qui jaillissent comme un réflexe en cas de besoin.

En plus de cela, nous avons plus de pouvoir sur nos forces que sur nos faiblesses… S'y attacher permet de faire bouger davantage ce qui doit l'être pour progresser, ou pour atteindre un objectif, dérouler un projet stratégique ou vital.

Vous qui, comme moi, avez été enfant puis adolescent, souvenez-vous, si, par bonheur, vous avez eu des professeurs positifs, comment se déroulaient leurs cours. Avec cette bonne dose de positif et d'optimisme : c'était génial. Jamais nous n'avons été aussi bons que lorsque nous avons eu ces merveilleux professeurs, qui nous encourageaient dans ce que nous avions de meilleur en nous, et qui – surtout – savaient le dénicher et le cultiver. J'ai eu cette chance aussi, d'avoir été accompagné par certains d'entre eux, parfois au pire moment de ma crise d'adolescence. Ils ont su faire émerger en moi une bonne dose de confiance, laquelle s'est trouvée amplifiée par la relation de confiance qui s'est installée profondément et sincèrement entre nous. Ce sont des femmes et des hommes que l'on n'oublie pas. Merci Thérèse Baudoin, Marie-Claude Bois… Encore une fois, ces merveilleux professeurs savent mettre en avant ce que nous avons de meilleur. Ce qui ne signifie pas, bien sûr, qu'ils nient nos faiblesses… Cette capacité à nous donner confiance, en nous montrant un reflet de nous-même positif, en nous félicitant, nous entraîne à vouloir être vraiment meilleur.

Il en est de même en matière de management. Lors des séances d'accompagnement que je réalise pour le compte de mes clients, la première séance de travail – qui se déroule souvent à trois : moi, le « boss » et le cadre qui va bénéficier de l'accompagnement – consiste à définir les objectifs de cette formation individualisée. La question essentielle à laquelle je leur demande de répondre est : « À quoi saurons-nous que ce travail a été positif et efficace ? » Et, immanquablement, le

« boss » se centre immédiatement sur la progression des points faibles de son cadre, s'oriente – invariablement – sur la liste des points qui ne vont pas, sur ce qui pose problème. C'est là un réflexe culturel, qui trouve son origine dans nos expériences scolaires… ou dans nos propres souvenirs de « managé » ! Nous le verrons plus tard, il y a d'autres manières d'aborder « ce qui ne va pas ». En revanche, vous pouvez être certain que le fait de se focaliser – aussi dans des contextes professionnels – sur ce qui coince, est encore plus… bloquant pour celui qui en fait les frais.

Naturellement, traiter en positif les points forts de nos enfants les amène inconsciemment à réduire leurs propres points faibles.

Pour réaliser ce travail de préparation de façon plus ouverte et constructive, je demande à mes deux interlocuteurs d'établir, l'un vis-à-vis de l'autre, un feed-back précis, qui ne laisse la part qu'au positif. Nous développerons cette notion de feed-back plus loin, mais, déjà, il est facile d'en comprendre le cheminement. Ils doivent alors répondre aux questions suivantes :

- Qu'aimez-vous, qu'appréciez-vous, quand vous travaillez avec votre collaborateur ?
- Qu'avez-vous constaté, lorsque votre collaborateur travaille dans son contexte habituel ? Qu'en déduisez-vous sur lui, mais aussi sur le contexte ?
- Que lui suggérez-vous ?

Ces trois questions permettent, lorsque le langage est approprié, précis, de construire du solide, du positif. Ici, pas de place au : « Je n'aime pas… » « Mais, comment, vous ne me demandez pas ce que je n'ai pas aimé chez lui ? », m'interrogent avec stupeur les plus déterminés, quand je leur expose mon process de feed-back. Et, inlassablement, je leur réponds : « Si je n'aime pas la soupe de ma grand-mère, je ne pense pas qu'elle sera contente de l'apprendre. Je pense qu'elle en sera vexée, voire qu'elle se posera des tas de questions la prochaine fois que je viendrai dîner chez elle. » Non, pas de place au « Je n'aime pas », que je demande de remplacer par « Je suggère ». Je suggère à ma grand-mère de mettre plus de courgettes, plus de sel, etc. Remarques qu'elle pourra prendre en considération ou pas (c'est elle qui va décider), pour me confectionner (ou pas) un plat que je vais apprécier.

À la fin d'une formation, certains luttent malgré la consigne pour conserver la colonne « Je n'aime pas... ».

Vous le constatez, le positif, l'optimiste est vraiment un obsédé des points forts, mais est aussi capable de transformer la critique pure et dure, en acte précis et opérationnel. Voilà qui permet le progrès.

6 L'optimiste voit le coin de ciel bleu dans un océan de nuages gris

Chacun a, inconsciemment, mis en place des programmes qui agissent sur soi et ses comportements, comme des programmes informatiques le font sur un ordinateur. Dès que nous sommes confrontés à un contexte qui ressemble, de près ou de loin, à un contexte déjà expérimenté – et d'autant plus si celui-ci a été marquant –, nous déclenchons une réponse à ce « stimulus » externe qui va, à coup sûr, mobiliser nos habituelles manières de faire en un tel contexte. C'est ce que l'on peut appeler un « ancrage ». Mais ces programmes ne dépendent pas uniquement des contextes externes.

La personne positive est programmée pour retenir d'abord… le positif. Par exemple, celui qui possède ce programme va détecter, dans un océan de nuages, le petit coin de ciel bleu. Il va, spontanément encore, détecter chez ses interlocuteurs tout ce qui « matche » avec lui, tout ce qui est bien pour lui. Quitte, parfois, à ne pas voir ce qui ne va pas, ce qui – dans certains contextes professionnels (le recrutement par exemple) – peut poser problème.

Celui qui possède ce programme de fonctionnement « positif » (Leslie Cameron-Bandler a mis en exergue ces *« métaprogrammes simples et complexes »*) est souvent performant pour motiver une équipe. En revanche, ne lui demandez surtout pas d'examiner le dossier que vous devez présenter pour un concours, parce que ce « programmé positif » aura instinctivement le réflexe de ne retenir que le beau, sans parvenir à capter les points qui méritent correction.

Naturellement, nos optimistes sont « branchés positif » et c'est une merveilleuse force. À utiliser dans les contextes appropriés.

Le positif possède aussi un autre programme, assez complémentaire de ce premier : il tend naturellement vers l'autre, la rencontre, la construction. Il va vers les autres, vers les nouveaux projets, vers le progrès, plutôt que de chercher à fuir les contextes qui l'emprisonnent. On peut d'ailleurs distinguer deux types de personnes, dont le mouvement ne s'opère pas dans le même sens : il y a celle qui « va vers » un objectif, et celle qui « fuit » un contexte qui lui pose problème. Le positif est capable de supporter longtemps – il a une forte capacité de résistance – un contexte qui ne lui convient pas. Il va aussi, inconsciemment, attendre une amélioration.

Tout comme la conception du verre à moitié vide ou à moitié plein, l'une se dirigera vers le plaisir de la vie, quand l'autre fuira la douleur liée au contexte. Il s'agit, encore une fois, d'une posture, mais aussi d'une manière d'être, selon une forme d'éducation reçue qui nous programme.

Shelle Rose Charvet, dans son livre *Le Plein Pouvoir des mots*[1], se risque à donner la répartition suivante :

- 40 % de la population a tendance à « aller vers » ;
- 40 % a tendance à s'« éloigner de » ;
- Et les 20 % restants à mêler les deux actions.

1. Shelle Rose Charvet, *Le Plein Pouvoir des mots*, InterÉditions, 2014.

Il est très intéressant d'analyser le langage utilisé par ces différentes personnes. Voulez-vous « perdre du poids » ou « mincir » ? Voulez-vous « arrêter de fumer » ou « trouver un moyen de vivre sainement » ? Voulez-vous « gagner ce match » ou « ne pas le perdre » ?

Des études scientifiques ont permis de découvrir que le cerveau ne connaît pas, de façon naturelle, la « négation », alors que notre langage l'admet et la met en scène. Nous verrons, un peu plus loin, qu'user d'une forme de langage « positif », pour soi, mais aussi pour aider ses interlocuteurs, permet de positiver les expériences, et ainsi de se transformer, petit à petit, en optimiste...

7 L'optimiste sait détecter l'« intention positive » derrière le négatif

Personne n'agit pour se faire volontairement mal. Même les malades psychiques. S'ils agissent parfois dangereusement envers eux-mêmes, c'est dans l'objectif inavouable, voire inconscient, de se procurer une forme de plaisir, masochiste certes, ou de combler un besoin.

Celui qui vous dérange par des comportements malsains, inappropriés, agit toujours pour remplir un manque, pour obtenir une forme positive de dénouement. Chaque agissement suit cette logique implacable : il remplit la fonction vitale de nous stabiliser, mentalement, d'acquérir ce qui semble indispensable à notre propre plaisir, à nos propres besoins. En psychologie, cela a un nom : l'« intention positive », ou encore – c'est sans doute plus parlant – le « bénéfice caché », inconscient, voire conscient.

Prenons un exemple. Vous êtes en pleine discussion avec un groupe d'amis, ou encore en réunion. Certaines personnes gardent le silence, d'autres s'expriment gentiment, mais l'une d'elles s'accapare la parole, saisit toutes les opportunités pour « la ramener ». Personnellement, ce comportement me dérange. Spontanément, d'ailleurs, j'avais auparavant toujours ce réflexe, bien humain, de vouloir stopper moi-même l'exubérant de service. J'ai échangé le réflexe codé « agression » par celui qui consiste à comprendre et rechercher l'information essentielle à la continuité d'une bonne relation à l'autre : à quoi ce comportement qui me dérange, qui est d'ailleurs parfois négatif pour l'environnement, peut-il servir pour celui qui me l'impose ? Qu'est-ce qu'il y gagne ? En quoi est-ce important pour lui d'agir ainsi ? Immanquablement, je trouve alors une réponse... positive. Systématiquement et automatiquement, je diminue ma « pression interne » pour laisser place à une recherche positive de consensus. Je SAIS que mon exubérant l'est uniquement pour exister, pour attirer l'attention, pour occuper la place de celui qui sait. Je comprends qu'il cherche la reconnaissance. Et toutes ses intentions, derrière ses comportements « négatifs » pour moi ou pour le contexte, sont intouchables, inattaquables par lui. Tout ce qui va venir contrer ses objectifs (conscients ou non d'ailleurs) risque de déclencher une escalade de nouveaux comportements inadéquats...

La suite est « pédagogique » : le positif sait justement et spontanément séparer l'intention positive des comportements dérangeants, inappropriés. Il sait que cette intention est vitale, indispensable pour celui qui la vit. Et en la protégeant vous-même, en communiquant à votre interlocuteur que vous avez compris, intégré cet aspect de ses actes, vous allez créer une proximité, une relation, qui lui permettra sans doute d'écouter vos conseils pour changer ses comportements...

Chacun suit son instinct pour combler ses besoins, se donner du plaisir, même quand ce qu'il fait est illogique, dangereux, hors la loi.

Personne au monde n'agit pour se faire du mal. Chacun suit son instinct pour combler ses besoins, se donner du plaisir. Même quand ce qu'il est amené à faire est illogique, dangereux, hors la loi. L'homme qui assassine une pauvre femme dans la rue pour lui voler son sac à main cherche un moyen vital pour lui de trouver de l'argent, afin d'assouvir, par exemple, son besoin de drogue. Le petit enfant qui se roule par terre dans un grand magasin pour obtenir le jouet de ses rêves, que sa maman lui refuse, joue précocement les stars du rock dans le seul objectif d'avoir gain de cause – et non de faire souffrir sa mère !

Vivre en positif passe par ce merveilleux travail sur soi qui permet de donner à une rencontre avec un interlocuteur « plombant » une issue positive, qui peut m'enrichir : il s'agit de détecter chez quiconque le positif dans l'agissement négatif. Cette vision « décalée » est la base de la négociation, l'essentiel de la relation pédagogique. C'est la condition *sine qua non* de l'acceptation de tous les changements, y compris les plus brutaux, les plus profonds. Cette manière d'appréhender la relation à l'autre, de le prendre en compte, permet d'établir une vraie et profonde relation de compréhension et de confiance.

8 Celui qui vit en positif accroît sa souplesse mentale et sa richesse d'homme…

La pensée guide l'action. La pensée guide les mots. Et, comble du bonheur, l'inverse est aussi vrai : les mots et les comportements peuvent, de manière automatique, voire « systémique », déclencher des manières agréables de vivre, de s'émouvoir et de penser. Allons plus loin.

Tout d'abord, vous devez comprendre ce qui nous rend à la fois intelligent, merveilleusement créatif, capable d'apprendre de toutes les expériences, capable encore de modéliser ce que la nature nous offre de plus beau mais, aussi, ce qui nous rend stupide, rigide, aveugle, voire sourd, pour finir muet… Nous avons une pensée formidablement riche tout autant qu'elle peut être pauvre. Nous savons nous créer des boulevards de réussite comme des impasses qui nous emmurent. Et le pire, c'est que tout cela dépend de nous. En homme positif, je traduirai cette phrase par : « Et le plus beau, c'est que nous avons ce pouvoir. » Ce pouvoir de changer nos façons de penser, de stocker nos expériences. Nous avons la capacité de choisir le tiroir que nous allons remplir, le loup que nous allons nourrir en priorité.

C'est cela, la richesse humaine ; c'est cela, la profonde égalité : cette magie que nous avons tous, en tant qu'être humain, de pouvoir choisir, non pas sa vie, mais sa manière de la codifier, et donc de la stocker. Comprenez bien, c'est indispensable : vous ne choisissez pas votre vie, votre famille, votre lieu de naissance. Vous choisissez, en revanche, dès que vous prenez conscience de votre pouvoir sur les choses, votre manière de les appréhender. Vous entendez, vous lisez bien ? C'est vous – et personne d'autre – qui avez la main sur votre manière de vivre ce que la vie déroule pour vous. Chouette, n'est-ce pas ? Peut-être n'êtes-vous pas encore convaincu ? Approfondissons.

Je disais plus haut, rappelez-vous : ce n'est pas la réalité qui nous limite, mais l'idée que nous nous en faisons. J'expliquais encore : nous ne pouvons pas changer la réalité factuelle, ce qui nous arrive, mais il est en notre pouvoir d'en changer notre représentation. Je vous propose de découvrir… comment. Instant magique… Vous entrez de plain-pied dans votre propre monde de magie. Vous allez devenir alchimiste. Vous apprenez à changer le plomb en or. Ouvrez vos cœurs !

La pensée guide l'action. La pensée guide les mots. Et, comble du bonheur, l'inverse est aussi vrai.

9 ... Et sait analyser ses processus d'appauvrissement ou d'enrichissement

Il ne fait aucun raccourci mental, entendez par là qu'il voit les faits tels qu'ils sont.

Nous avons déjà abordé ces recadrages intellectuels, qui vous permettent de profiter de la plus grande réalité factuelle, plutôt que de rester inconsciemment enfermé dans vos expérimentations coutumières. C'est cela, vivre en positif. Sortir de nos schémas mentaux limitants, de nos raccourcis – si ceux-ci ne nous satisfont plus. Découvrir notre capacité innée à coder nos expériences, à les recadrer, de telle manière qu'elles vont nous enrichir, autant qu'elles enrichiront ceux qui vivent avec nous.

Pensées suractives, petit vélo qui tourne et retourne jusqu'à nous épuiser mentalement et physiquement... Nous sommes là au moment essentiel de la transformation de la vie factuelle en expérience vécue et stockée qui viendra nourrir, au choix : notre loup positif ou notre loup négatif. Notre manière de penser n'est pas juste une manière de penser : c'est un puissant moteur, une usine à énergie qui va nous permettre de déployer nos ailes, ou nous les couper. Elle aimante littéralement nos actes, et même nos mots. Parfois à notre insu ! Elle crée notre mental, bien plus que notre vie factuelle, de façon consciente, en répondant à un besoin stratégique, ou de façon inconsciente, en répondant machinalement à un stimulus externe.

La flexibilité mentale renforce la souplesse comportementale. « *Open your mind* », sortez de vos ornières mentales ! Nous l'avons dit, il n'y a pas une manière de voir le monde qui soit meilleure qu'une autre. Toute représentation, toute cartographie est recevable. Le seul critère à retenir ? Que cette manière de vivre vous permette d'atteindre vos objectifs de vie. Et là, parfois, le bât blesse.

Notre manière de penser la réalité détermine notre façon de la vivre.

Nous pouvons, en prenant du recul sur nos expériences, surtout quand elles sont répétitives, nous apercevoir que nous nous limitons inconsciemment dans nos choix d'action. Comme je l'ai dit plus haut, notre manière de penser la réalité détermine notre façon de la vivre. La vie se charge de nous amener sur un plateau des événements que nous jugeons opportuns ou inopportuns. Ils débarquent comme ça, et nous devons les prendre tels quels. Pas le choix.

10 L'optimiste transforme le plomb en or

Ce que nous allons aborder maintenant fait techniquement référence à la notion de « métamodèle » mise en exergue par John Grinder et Richard Bandler, tous deux pères de la programmation neurolinguistique, dans leur livre *The Structure of Magic*[1], en 1975. Ce modèle ayant lui-même été mis au point à partir des travaux d'Alfred Korzybski sur la « sémantique générale » et de Noam Chomsky sur la « grammaire générative ». En substance, la théorie est la suivante : les mots et les constructions de phrase que nous utilisons, influencent ce que nous pensons dans notre structure profonde (notre monde intérieur) et ce qui constitue notre fondement culturel de référence. L'inverse étant tout aussi vrai : notre fondement culturel influence nos mots et nos constructions de phrase. Bref, nos pensées jouent avec nos mots, et nos mots jouent avec nos pensées.

Il y a des vies et des pensées qui nous plaisent ou ne nous emballent pas. Des vies et des pensées que nous choisissons ou que nous subissons. Encore une fois, la vie que nous expérimentons a directement trait à la manière dont nous transformons ce qui est sur notre chemin. C'est nous qui choisissons si le quignon de pain que nous trouvons, est un festin ou une farce. Cela peut dépendre du contexte – trouver ce bout de pain alors que nous sommes affamés, ou dédaigner ce croûton parce que nous avons devant nous un buffet magnifique. C'est vrai. Néanmoins, nous pouvons simplement choisir – quel que soit le contexte, l'environnement dans lequel nous sommes – d'en faire ce que bon nous semble. Nous ne sommes pas dépendants du contexte.

1. John Grinder et Richard Bandler, *The Structure of Magic*, Science and Behavior Books, 1975.

J'ai eu, il y a quelques mois, de petits problèmes de santé. Rien de grave, mais cela s'est soldé par une hospitalisation sous haute surveillance, pour une perforation intestinale. Je me suis retrouvé coincé dans ma chambre d'hôpital, Dieu merci avec un compagnon de chambrée qui est devenu un ami, avec pour toute nourriture trois Doliprane par jour et une perfusion, durant une semaine. Mon état s'améliorant, le risque de péritonite étant écarté, mon chirurgien m'a permis de réintroduire du solide dans mes repas. Je vis avec bonheur entrer dans ma chambre la gentille nourricière qui, jusque-là, avait fait profiter uniquement à Nicolas, mon voisin, de ce « régime ». Avec un plaisir non dissimulé, elle me lança : « M. Martin, aujourd'hui, c'est festin ! Bouillon de légumes (sans légumes) et... biscotte. Dessert royal : une compote sans sucre. » Je garde ce moment-là au fond de moi, comme une ressource inébranlable, savourée avec une grande joie. Je ne goûte plus les choses de la même manière depuis ce jour. Je mesure la chance que j'ai de pouvoir déguster un merveilleux dîner de prince chez une grande toque, de la même manière que j'ai savouré cette biscotte qui m'a réchauffé le cœur. *« Ce n'était rien qu'un peu de pain, mais il m'avait chauffé le corps, et dans mon âme il brûle encore à la manière d'un grand festin »*, chantait Georges Brassens.

Et comme je parle de pain, par association d'idées, permettez-moi d'en venir à Jésus, qui changea l'eau en vin, et les pierres en pain. Je pense que cet homme n'avait rien d'un David Copperfield. Il se rapprochait sans doute plus d'un alchimiste, ayant dompté cette force que nous avons tous en nous de pouvoir changer le banal, l'ordinaire, le vulgaire, en extraordinaire et remarquable. C'est le sens que je donne aux Écritures, lorsque je prends le temps de les transposer : voir ce que la vie nous offre en positif.

Mais revenons à nos « moutons », et étudions comment nous libérons ou enfermons nos vies, et comment elles deviennent positives si nous le voulons !

Enrichissement ou appauvrissement par la suppression, l'oubli

Voyons, tour à tour, les aspects positifs et extraordinaires du processus, puis ses aspects limitants, appauvrissants et négatifs.

Le côté positif. Il nous arrive de vivre des expériences tellement violentes – physiquement ou psychologiquement, voire les deux – que la Création nous a dotés d'un bouton *on/off*, que nous expérimentons depuis notre naissance, sans le savoir. C'est une manière incroyable de s'extraire mentalement des pires situations, celles que nous sommes dans l'incapacité intellectuelle, émotionnelle, de codifier, de comprendre. Lorsque nous vivons un événement « inhumain », nous l'enveloppons très vite d'un tissu d'oubli, soigneusement confectionné par notre mental, par notre cerveau. Et, à l'aide de petites mains imaginaires, nous allons saisir ce balluchon et le déposer dans un tiroir, au fond de notre tête, tiroir que nous allons tout aussi soigneusement fermer à clé. Clé que nous allons aussitôt jeter dans le jardin de l'oubli… Voilà, hop, débarrassé. Au moins pour un temps. Parce que nous verrons que le chemin vers la clé, puis vers le tiroir, puis vers le balluchon, va venir s'imposer à nous, tôt ou tard, se rappeler à nous. Oui, nous avons une forme de GPS interne qui – lorsque nous sommes mentalement prêts à nous attaquer à nos expériences passées – nous dirige avec justesse vers notre histoire.

Lorsque nous vivons un événement « inhumain », nous l'enveloppons d'un tissu d'oubli, soigneusement confectionné par notre mental.

À propos d'histoire, je voudrais vous raconter un bout de ma vie, que j'ai exhumé à l'aide de mon psychiatre, le Dr Jacques Lardaud. Comme je vous le disais plus haut, je me suis attaqué très tôt à la face cachée de ma propre histoire. Et je retiens au moins un événement qui a marqué ma vie d'homme. Vous vous souvenez de ce petit bonheur vécu dans mes premières années, à Troyes, ces moments de paradis qui se sont brutalement arrêtés. Brutalement, entendons-nous bien, pour le petit garçon d'à peine 6 ans que j'étais. Mes journées étaient formidables : j'avais des amis proches, une famille en « or », une institutrice ouverte et douce. Mais surtout, m'accompagnant tous les jours, une « amoureuse », une petite Caroline, sourire espiègle, les yeux en amande, un chignon dégageant son joli cou. Bon, calmons-nous, nous n'avions que 6 ans. Mais Caroline était ma « promise », et j'étais le sien. Nous nous l'étions juré. Nos récréations étaient jalonnées de « quand nous serons mariés », « lorsque tu seras mon mari »... Nous nous voyions régulièrement, chez elle ou chez moi, avec son frère Thierry et ma sœur Sylvie. Je baignais dans un bonheur suave et sucré. Nous surveillait, lorsque nos parents sortaient, une femme exquise, d'une attention et d'une gentillesse sans égal, ma nounou : Mme Boudelot. Nous ne mesurions pas notre chance. Caroline et moi, c'était du sérieux : nous nous sommes « fiancés », et cela a duré deux ans. Nos classes de maternelle. En fait, cela durera, subrepticement, jusqu'à mes 50 ans...

Chaque année, en bons Niçois, nous partions en vacances sur nos terres natales début juillet, pour ne rentrer que fin août, pour la reprise de l'école. Caroline, elle, s'arrêtait un peu avant, à Sainte-Maxime. Ce qui ne manquait pas de me faire chavirer le cœur, quand, sur le chemin de la Côte d'Azur, nous passions à côté de son lieu de vacances. Puis, les journées bien remplies prenaient le dessus sur la tristesse de ne pouvoir profiter de ma Caroline durant l'été. D'ailleurs, ce n'était pas grave, nous nous verrions en septembre pour nous raconter nos aventures. J'en étais en tout cas persuadé. Mais, cette année-là, 1967, mes gentils parents nous réservaient une méchante surprise : « Les enfants, nous apprirent-ils avec une joie non dissimulée, nous ne retournons pas à Troyes. Nous changeons de ville. Nous allons habiter Lyon. Alors, heureux ? » Mon petit cœur ne sut comment réagir. Impossible pour moi, du haut de mes 6 ans, de comprendre, mais surtout, d'assimiler la nouvelle. Paralysé par cette déferlante affective – que je ne savais pas décoder – je ne me suis souvenu de rien durant les quarante-trois ans qui suivirent. Le tout fut enfoui dans ce fameux balluchon au fond de mon âme. Bien ficelé et caché pour ne pas avoir – j'en aurais été incapable – à agiter ce malheur, et, ainsi, protéger mon cœur d'artichaut. Oubliée, Caroline – ou plus précisément mes sentiments pour elle. Effacée, Mme Boudelot et son tendre regard de nounou.

Pour éviter de suffoquer, j'ai utilisé sans le savoir ce bouton *on/off* que j'appelle « oubli », et que les spécialistes nomment « omission ». Allez, hop, une petite amnésie partielle, histoire de continuer à vivre, malgré la violence du choc affectif. C'est ce même processus qui se met parfois en place chez les enfants maltraités par leurs parents. Pour les personnes qui vivent un traumatisme physique ou psychique brutal, une petite omission, ça aide. Un temps. Et parfois, ça ressort comme un diable de la boîte de Pandore quand ce traumatisme déclenche une pluie de réactions incompréhensibles et incontrôlables. Ou comme un ange, quand on sait comprendre quelle est son origine.

C'est précisément ce qui m'est arrivé, accompagné par mon « Doc », comme j'aime à l'appeler. Lors de mes séances de psychanalyse ou de thérapie, je mettais souvent sur le divan ce que j'avais caché depuis longtemps sous le tapis : mes difficultés à comprendre les sentiments qui me submergeaient à chaque idée de séparation – fût-elle légère. Depuis tout petit. Cette difficulté à envisager une moindre séparation, principalement dans ma vie sentimentale.

J'ai vécu une relation affective avec une femme pendant des années. Je voulais transformer ma douce et lui permettre, par la « force de mon amour », de se métamorphoser et de devenir… comme je souhaitais qu'elle soit. Mais, vous savez bien que l'on ne transforme pas les gens. Bien présomptueux de ma part, et bien égoïste aussi, que d'avoir voulu transmuter cette femme en ce que je voulais qu'elle soit. Mais bon, c'était mon « défi ». Du moins le croyais-je puisque, après quelques années d'effort de sa part, pour qu'elle devînt comme je la désirais, et de ma part, m'accrochant à cette relation malgré mes frustrations, j'envisageai, sans jamais pouvoir passer à l'acte, une séparation. Mais voilà, chaque jour, je notais une preuve que « cela pouvait marcher »… Des signes de progrès, que je détectais dans ses moindres gestes. Dans les faits, rien ne changeait, mais j'étais incapable de prendre la décision de la quitter. Toutes mes histoires sentimentales ont suivi cette illogique stratégie. J'étais saisi de panique quand j'envisageais la moindre distance entre ma compagne et moi.

Ce travail avec mon psy mit en évidence cette histoire de petit garçon. Qui rejaillit un jour de ma cinquantième année sans crier gare. D'un seul coup, je retrouvais le chemin de cette expérience enfouie dans ma mémoire inconsciente. Je me mis à pleurer toutes mes larmes d'enfant, émotion retenue depuis longtemps. Comme pour me soulager des souffrances dues à ce traumatisme qui avaient jalonné mon existence. Un grand nettoyage de printemps ! J'ai pris le temps de digérer

Allez, hop, une petite amnésie partielle, histoire de continuer à vivre, malgré la violence du choc affectif.

tout ça. J'ai continué ce travail de fond, pour finir par reprendre ma vie en main. Voilà, cette histoire est un exemple de ce côté positif de l'omission, de cette stratégie de suppression. Nous la mettons en place depuis notre tendre enfance, et parfois plus tard. Cela fait les « choux gras » de nos thérapeutes ! Et c'est bien ainsi. Parce que nous pouvons continuer à vivre malgré les épreuves.

Attardons-nous maintenant sur les aspects appauvrissants des suppressions. Parce que ce sont bien ceux-là qui nous limitent, qui nous coupent du factuel. Le côté limitant de l'omission, c'est le process par lequel nous prêtons attention uniquement à certains aspects de notre vie, tout en en ignorant d'autres, pourtant tout aussi réels et factuels. Et que nous stockons inconsciemment dans notre mémoire. Et que nous codons comme « réalité », parce que nous les avons vécus avec force, avec intensité.

Il peut s'agir de croyances « limitantes » que nous élaborons à partir d'un contexte vécu, sans nous rendre compte, consciemment, des limites qu'elles nous imposent... Par exemple, nous pouvons penser – et donc verbaliser les pensées suivantes : « L'échec est nécessaire pour apprendre » ou : « Il est risqué d'entreprendre quelque chose de nouveau », ou encore : « Pour mériter notre réussite, nous devons souffrir. » Qui n'a pas tenu ce genre de propos un jour dans sa vie ? Sans réaliser que cette manière de parler – et donc de penser – nous limitait dans nos choix ? Ces croyances, érigées en principes, ont une double fonction : d'abord, nous protéger (de la mauvaise expérience qui y est liée), et renforcer notre point de vue. Mais, en contrepartie, elles nous limitent (inconsciemment) puisque nous omettons précisément que nous pouvons réussir sans échouer, que nous pouvons changer nos manières d'entreprendre sans prendre des risques inconsidérés, ou bien, encore, que nous pouvons atteindre nos objectifs sans souffrir.

Un de mes amis me disait il y a peu : « Je suis trop vieux pour changer. » Il omettait de voir que, dans son entourage, des personnes bien plus âgées que lui avaient démontré leurs capacités à « bouger ». Il oubliait aussi que l'âge n'est pas ce qui empêche le changement. Qu'il y a bien d'autres raisons à l'incapacité de changer. Et qu'il pouvait sans doute s'y attaquer ! Vous comprenez que cette manière de penser – omissive, suppressive, « oublieuse » – réduit le champ de notre vie, bloque notre pouvoir de profiter de tout ce qu'elle nous offre.

Ce n'est pas la réalité factuelle qui nous limite, encore une fois, mais bien notre manière de la penser. Nous sommes aussi confrontés tous les jours à une autre forme d'oubli : l'omission médiatique informative ! Vous êtes-vous déjà interrogé sur la façon dont les informations sont choisies dans les médias ? Cela fait précisément référence à ce travers d'omission. Les informations présentées n'ont rien d'exhaustif, bien au contraire. Elles sont soigneusement choisies dans un flot immense, passant par les filtres de l'AFP (Agence française de presse), entre autres. Puis elles sont refiltrées par les comités de rédaction de chacun de nos médias, chaînes de télévision, radios, ainsi que par les comités rédactionnels de la presse écrite. Chacun omet une masse d'informations qui nous intéresseraient sans aucun doute. Mais qui ne répondent pas aux critères de choix des directeurs de rédaction. Bref, ils ne retiennent que l'actualité qui les sert. On ne peut, bien sûr, pas traiter toute l'information. Mais les choix réalisés me laissent à penser – surtout quand on perçoit la tendance générale des informations négatives soigneusement gardées, amplifiées – que les médias aiment le noir, le sombre, le moche… C'est financièrement juteux.

L'omission, la suppression, l'oubli, réduisent le champ de notre vie, bloquent notre pouvoir de profiter de tout ce qu'elle nous offre.

Enrichissement ou appauvrissement par la généralisation

Grâce à cette façon de penser, de fonctionner, nous sommes capables de modéliser nos expériences et de les transposer de contexte en contexte. Si une petite fille ou un petit garçon d'un an et demi découvre qu'en tournant la poignée d'une porte, celle-ci s'ouvre comme par magie, sa capacité de généralisation l'amènera, de manière spontanée et naturelle, à savoir ouvrir toutes les portes. Y compris celles dont la poignée sera différente. Lorsque vous apprenez à conduire une voiture, ce phénomène de généralisation vous permet, après un petit temps d'adaptation, de conduire toutes les autres voitures. Lorsque vous travaillez en informatique dans un univers Windows, vous allez être capable d'utiliser tous les logiciels qui sont reliés à cet environnement Windows. Voilà la force de la généralisation. Elle nous permet de faire face aux imprévus. Grâce à elle, nous savons raccorder nos expériences, ce qui nous permet d'anticiper. Parfois, nous allons le voir, à bien mauvais escient...

Vous n'imaginez pas la force du « côté obscur » de la généralisation. De notre manière inconsciente de nous priver d'alternatives. Et de tomber dans un pessimisme ambiant. La généralisation s'immisce en nous, à notre insu. Nous ne savons pas que nous la pratiquons. Elle nous limite, nous fait faire de mauvais choix. Et cela devient une libération, lorsque nous la conscientisons et que nous apprenons à trouver, face à nos propres généralisations ou à celles de nos interlocuteurs, l'antidote : les exceptions.

Prenons quelques exemples. Il vous est peut-être arrivé de vous faire mordre par un chien lorsque vous étiez plus jeune. Sans en être conscient, vous avez sûrement mis en place la pensée généralisée :

tous les chiens sont dangereux. Les croyances collectives sont de cette veine. Le monde des médias l'utilise – j'espère inconsciemment, mais très régulièrement : lorsque chaque support – journal, radio ou chaîne télé – centre sa recherche rédactionnelle sur tous les événements du même type que celui qui, un jour, fait la une, la mise en scène est généralisante. Cela s'est aujourd'hui calmé, mais vous avez sans doute en mémoire le cas de cette petite fille qui, il y a des années, s'était fait attaquer par un pitbull. La campagne médiatique a battu campagnes et villes pour trouver des cas semblables... Un homme ou une femme ayant eu une fois, ou plusieurs fois, une désillusion amoureuse, aura tendance, inconsciemment, à mettre en place une généralisation – non factuelle – qui le/la privera peut-être d'une belle rencontre. Dommage, non ? Parce que précisément, la vie, si on lui fait confiance, si on la voit de manière factuelle, détachée de son mental, laisse souvent place à de merveilleuses expériences. Plus je développe cette manière de la vivre, plus mes mauvaises expériences n'en sont plus. Elles font l'objet d'une transformation alchimique. Un truc moche que l'on transmute en exceptionnel.

Enrichissement ou appauvrissement par la distorsion

La distorsion, c'est l'habileté à rapprocher deux expériences, à créer des liens entre deux faits qui ne sont pas forcément reliés. Les sophismes, et plus particulièrement les syllogismes de Platon, sont des formes de distorsion connues. « Les chiens ont le nez froid, j'ai le nez froid, donc je suis un chien... » Découverte hilarante de mes premiers cours de philosophie.

De manière positive, c'est l'art de créer, d'être un virtuose, un artiste, un Géo Trouvetout. Les plus grands savants ont fait leur découverte grâce à ce talent de voir le lien invisible entre deux expériences, de rapprocher des faits qui nous sembleraient à nous, profanes, totalement absurdes. Parfois aussi, c'est la confrontation avec des profanes qui a amené ces mêmes savants à sortir de leur contexte et à ajouter une touche d'inattendu dans leur équation habituelle, pour donner naissance à une découverte. Parfois encore, c'est un lien avec la nature qui nous permet de trouver, de manière magique, une solution à une problématique à laquelle nous sommes confrontés. Songez à la manière dont les inspecteurs de police font des liens incroyables, magiques, trouvent une nouvelle piste dans une enquête qui semblait figée et la font progresser.

C'est le rôle de nos neurones de créer ces liens chimiques qui nous rendent intelligents. Et c'est précisément l'objectif du management collaboratif, transversal : créer des liens entre des collaborateurs qui n'auraient sans doute pas travaillé ensemble de manière spontanée, pour dégager de nouvelles solutions hors des sentiers battus. Lorsque sir Alexander Fleming découvrit la pénicilline, il démontra que la moisissure *penicillium notatum* synthétisait une substance antibactérienne ; il concentra cette substance qu'il appela « pénicilline ». En fait, précédemment, en 1927, à Londres, il fit une belle distorsion : il avait remarqué qu'un halo autour d'une moisissure avait contaminé une culture de staphylocoques. Il fit le lien suivant : la moisissure produit une substance qui inhibe la croissance bactérienne dans son lieu de culture (la gélose). Voilà bien ce dont nous sommes capables, vous et moi. N'importe qui au monde est apte à faire de belles découvertes *via* la distorsion.

Depuis la nuit des temps et le développement de l'intelligence humaine, nous transposons, comme nous l'avons vu plus haut, nos expériences et, en les juxtaposant avec d'autres, nous créons. Petit, j'étais un adepte du journal *Pif Gadget*. Une bande dessinée, apparue dès le premier numéro en 1969, me passionnait plus que les autres... Bon, cela va parler aux lecteurs de ma génération. Les autres vont me prendre pour un vieux fou... Il s'agit de *Rahan*[1], *« fils des âges farouches, fils de Craô le sage »*. Cet *« homme qui marchait debout »*, au temps de la Préhistoire, développait une intelligence singulière, illustrant parfaitement ce talent dont nous disposons tous : cette force de liaison, de rapprochement. Il transposait ce qu'il voyait dans la nature : un nœud sur une liane, un poisson accroché à l'épine d'une ronce, il en faisait un nœud coulant ou un hameçon. Pardonnez-moi cette digression peu littéraire, mais elle m'habite depuis tout petit. Je la trouve particulièrement parlante.

Depuis la nuit des temps, nous transposons nos expériences et, en les juxtaposant avec d'autres, nous créons.

Oui... Mais voilà, nous sommes des magiciens créatifs, tout autant que des aveugles inconscients. Notre force créative se transforme tout aussi incroyablement en faiblesse intellectuelle. Nous sommes autant capables de découvrir des merveilles et de les modéliser, que de créer des liaisons mal à propos. Nous associons des expériences sans nous rendre compte de leur aspect limitant. Je me souviens de l'un de mes collaborateurs qui avait travaillé minutieusement sur une proposition de formation. Il avait renvoyé au prospect notre offre dans les temps, lequel nous avait dit que la décision serait prise la semaine suivante. Dès le lundi, mon jeune apprenti était impatient d'obtenir la réponse, que nous espérions positive. Rien. Le mardi,

1. Bande dessinée créée par Roger Lecureux (scénario) et André Chéret (dessins).

toujours rien, et ce fut ainsi jusqu'à la fin de la semaine. « Ils n'ont pas été intéressés », me lança le jeune consultant, très affecté et déçu de ce silence. Silence qu'il associait inconsciemment et spontanément à un refus de notre prospect. Il faut dire que, dans sa courte expérience de commercial, il avait déjà fait face à ce type de comportement de la part de clients... Qui n'a pas vécu cela ? Et qui n'a pas fait ce raccourci, ce rapprochement : « Ils ne nous rappellent pas, c'est qu'ils ne sont pas intéressés. » La pensée guidant l'action, celui qui croit dur comme fer à cette affirmation – « pas de réponse = pas intéressé » – va mettre en œuvre de manière tout à fait automatique la réaction qui y est associée : il abandonne. Oubliés, les efforts ! Désabusé, le jeune collaborateur ! Négatif, le consultant en développement personnel !

Voilà comment nous développons des pensées qui font de nous, ou plutôt de vous, des frustrés, des désabusés, des désenchantés, là où la vie peut tout autant chanter, nous faire progresser (nous verrons plus loin la force du retour d'expérience, du feed-back). Lorsque je lui posai les questions suivantes, lui permettant ainsi d'avoir accès à une partie cachée, mais existante, de son expérience, le jeune homme réalisa à quel point il s'était enfermé dans une distorsion : « Peux-tu me préciser en quoi le fait que le client ne te rappelle pas se traduit-il obligatoirement par "Il n'est pas intéressé" ? D'après toi, peut-il y avoir d'autres raisons à ce silence ? Comme, par exemple, une mauvaise appréciation du temps de délibération, ou encore un problème survenu et modifiant ses priorités, une mauvaise transmission mail du dossier – le client n'ayant peut-être pas reçu le document ? »

Bref, notre liaison spontanée au stimulus, entraînant la réaction maintes fois testée (et sans doute vraie au moins une fois) du client pas intéressé, nous crée notre vérité. Qui nous pousse tout naturellement au désenchantement et à l'abandon. Alors que nous pouvons transformer cette manière de penser en une série d'actions créatives et dynamiques, permettant de revenir au « factuel », de vérifier ce qui s'est passé, et d'agir, là où la distorsion automatique nous amenait à abdiquer.

11 Celui qui pense en positif vit et parle aussi en positif

Pour être heureux, il faut s'entraîner. Une des premières habitudes à changer est de transformer votre langage, et de vous efforcer de parler – et donc de penser – en positif... Une petite astuce de formateur consiste en une expérience, afin de vous démontrer que vous « ne pouvez pas vivre en "ne pas" ». Le cerveau est merveilleux puisqu'il est exclusivement formé au positif. Il ne connaît pas la négation verbale. Le cerveau « voit », avant que vous lui disiez de ne pas voir. Il est attentif, alors que vous lui intimez de ne pas faire attention. Exemple : je vous demande de ne pas penser à un ours brun. Si vous êtes impliqué dans la lecture de ces lignes, la première pensée qui vous est venue alors que je vous avais intimé l'ordre inverse, a précisément été d'imaginer, de penser à un grizzly, ou à un nounours brun...

Nous nous exprimons inconsciemment, selon les contextes, en formulations négatives. Nous demandons à nos enfants de faire attention à « ne pas tomber », sans mesurer la conséquence quasi immédiate de notre formulation : l'enfant se voit mentalement tomber et, avant même de se dire de faire attention, il est déjà le nez dans le gazon ou, plus douloureux, sur le goudron... Je me souviens d'un entraîneur fort connu de notre équipe de France de Coupe Davis, qui, lors d'un match capital en double à Marseille, dit à ses joueurs, avec la plus belle intention positive : « Les gars, ce match-là, il ne faut pas me le perdre. » Je vous laisse imaginer la suite. Bien sûr, elle n'est pas forcément en lien avec cette manière de parler – il y a d'autres facteurs à prendre en compte, Dieu merci, pour ce qui est d'une défaite ou d'une victoire. Mais cela n'aide pas, cela ne facilite pas l'accès des joueurs à leurs ressources naturelles.

« *Fais pas ci, fais pas ça, viens ici, mets-toi là, attention prends pas froid, ou sinon gare à toi…* », chantait Jacques Dutronc… Au-delà du côté sympathique de la chanson, c'est la manière inconsciente dont nos parents, et vous, peut-être, en tant que personne pourtant bienveillante, éduquez vos enfants qui est ici traitée. Sans vous rendre compte que, plutôt que de les « élever » – au vrai sens du terme, c'est-à-dire les grandir, les faire se développer, leur constituer une base de liberté – vous les limitez, vous les enfermez dans une vie terriblement étroite.

Certains sont même des adeptes de la « double peine », utilisant des formules langagières doublant la négation. J'échangeais récemment avec une amie qui devait avoir un entretien d'embauche dans une société formidable, pour un poste tout aussi extraordinaire, répondant en tout point à ses attentes, collant parfaitement à ses savoir-faire. Bref, le coche qu'il « ne fallait pas manquer », me dit-elle. Elle aurait pu s'arrêter là dans sa formulation. Mais l'enjeu était à ses yeux tellement fort qu'elle ajouta : « Je ne peux pas me permettre de rater cet entretien ! » « T'es mal partie », lui répondis-je immédiatement, et, là-dessus, je lui fis faire le petit exercice de reformulation positive suivant – que vous pouvez pratiquer chaque fois que vous prenez conscience que vous formulez négativement une idée : « Peux-tu me dire la même chose, mais en enlevant tous les termes et expressions négatifs ? » Parfois, il n'est pas facile de trouver l'équivalent ! Dans ce contexte, après un moment d'hésitation, elle se reprit et me lança : « Tu as raison, cet entretien, je dois tout faire pour le réussir. » Ah, voilà qui était plus entraînant ! Ce

Le réflexe de reformulation positive permet de visualiser ce que nous voulons réellement.

qui m'amena immédiatement à continuer l'exploration : « Alors, que peux-tu faire et qui dépende de toi seule, pour te sentir prête et performante avant et durant cet entretien ? » Cela lui permit de se fixer sur ses savoir-faire, ses qualités. Et... elle décrocha le poste !

Ce réflexe de reformulation positive est bien plus fondamental qu'on ne le croit. Il permet de visualiser, de se représenter ce que nous voulons réellement, plutôt que d'exprimer quelque chose que nous ne souhaitons pas du tout... Si vous êtes un adepte de la verbalisation de vos pensées en mots négatifs, vous pourrez aisément imaginer la scène suivante. Vous entrez dans une agence de voyages, vous vous approchez du comptoir où un jeune homme vous accueille, et vous lui dites : « Bonjour Monsieur, je souhaiterais vous acheter un billet d'avion pour... pas Paris ! » Le jeune homme, s'il est poli, vous regardera d'un air d'abord surpris, et vous demandera sans aucun doute de reformuler votre demande. Ce que vous ferez avec plus de précision : « Je souhaiterais vous acheter un billet d'avion, mais pas pour Lyon non plus. » À ce moment-là, il devrait éclater de rire. Mais sera totalement incapable de vous fournir votre billet. Vous aurez intérêt à réfléchir à votre destination, afin de pouvoir l'atteindre. Ce qui amène à deux conclusions : la première, c'est qu'il n'y a pas de représentation concrète de ce qui « n'est pas ». Je pense que vous avez compris. La seconde, c'est que vivre en positif vous astreint à contextualiser de manière claire ce que vous souhaitez vivre. Sans cela, vous n'avez aucune chance de réaliser vos objectifs. Parler en langage positif va donc vous obliger à penser en langage positif et, petit à petit, à adopter ce réflexe nécessaire de contextualisation de ce que vous souhaitez atteindre. Perdre des kilos (mincir, en positif !) vous conduira à en préciser la quantité exacte, puis à élaborer de manière fine ce que vous « obtiendrez » en les « perdant ». Et si vous voulez « arrêter de fumer », il vous faudra remplacer cette formulation négative et frustrante par ce qui viendra précisément s'y substituer et vous amènera aussi une forme équivalente – mais moins nocive – de plaisir.

Voilà un réflexe d'optimiste positif !

Enfin, au-delà du langage volontairement positif, vous avez aussi le choix des sujets que vous aimez aborder dans vos discussions. Vous avez le choix de n'écouter que ce qui vous fait du bien. Adoptez la positive attitude, sélectionnez ce que vous écoutez ou lisez dans les médias, préférez ce qui vous rend heureux. Vous verrez, vous vous sentirez léger et gai, lorsque vous supprimerez de votre quotidien tout ce qui vous afflige. Sortez de l'habituel en pratiquant la politique de l'exceptionnel, au travers de cet illustre test des trois passoires de Socrate : ce que l'on vous dit est-il vrai, utile et bon ? Si l'un de ces trois critères est manquant, appuyez sur la touche *« delete »* de votre ordinateur mental. Et hop, information suivante ! Vivre en positif développe le positif.

Pour clore ce paragraphe, gardez à l'esprit que la mobilisation de votre entourage se trouve dans la construction d'une vision positive de l'avenir. On ne mobilise jamais durablement les hommes sur des pensées négatives. C'est malheureusement une sale habitude qu'ont prise certains managers, voire certains médecins. Et leurs résultats sont proportionnels au degré de « suggestion mentale négative » qu'ils sont capables de vous inoculer.

Adoptez la positive attitude. Vous vous sentirez léger et gai, lorsque vous supprimerez de votre quotidien tout ce qui vous afflige.

12 L'optimiste pratique
l'autosuggestion positive

Le corps et le mental font partie d'un tout unifié, interdépendant. C'est un fait avéré. Et vous allez le tester. Vous pouvez diriger vos vies à partir de l'observation – et donc de la prise de conscience – des attitudes comportementales, linguistiques que vous adoptez quand vous êtes gagnant, combatif, heureux. Si vous placez une caméra pour vous filmer lorsque vous prenez la parole dans un contexte où vous êtes à l'aise, plein de belles ressources, vous serez étonné du résultat. Vous pourrez ainsi vous automodéliser, et tenter une expérience souvent utilisée lorsque nous travaillons avec des sportifs de haut niveau, ou bien encore avec un homme politique devant prendre la parole, ou tout simplement un élève soutenant une thèse. En reproduisant les comportements et microcomportements observés (attitudes, gestuelle, tonalité de voix, rythme de la respiration, tonicité musculaire, mimiques, type de registre linguistique, etc.), vous déclencherez instantanément une voie d'accès à vos pensées les plus positives. S'ensuivra une montée immédiate d'émotions agréables (joie, sentiment de force, gaîté, etc.). Essayez ! Il vous est impossible de rester durablement accroché à des pensées négatives si vous favorisez votre bien-être physique. Et c'est un cercle vertueux que vous pouvez enrichir dès maintenant.

Plus vous êtes positif et plus vous adoptez de manière spontanée des comportements d'homme heureux, de femme enchantée. Et chemine alors en vous le flot de pensées qui vont avec... Comble du comble, vous dégagerez une force de contagion insoupçonnée. Et vous serez attirant, vous séduirez. À votre insu.

C'est bon d'appartenir à un monde positif.

13 L'optimiste tire profit de ses mauvaises expériences

En explorant les différences essentielles entre mes amis positifs et négatifs, je me suis aperçu d'une différence fondamentale dans leur manière de construire un feed-back. Les uns s'analysent, là où les autres se jugent. Les premiers observent avec distance ce qui a péché dans leur manière de faire. Ils font la distinction entre le mauvais geste – cela arrive de glisser alors que nous savons marcher, par exemple –, et l'action tentée qui avorte – parce que le savoir-faire manque ou parce qu'il aurait fallu faire autrement. Mais jamais ils ne se condamnent ou ne se dévaluent. Les seconds vont souvent se mésestimer, développant un réflexe identitaire de sentiment d'échec. « Mon Dieu, ce que je peux être stupide (et encore, je reste poli !) », devient l'adage favori des négatifs. Plus loin, j'aurai l'occasion de vous proposer une manière de construire un retour d'expérience digne de vous, et de l'être formidable que vous êtes ! En toute humilité.

J'ai accompagné dans le domaine sportif de nombreux athlètes, footballeurs, tennismen, pilotes de formule 3, escrimeurs... Tous ces jeunes avaient en commun un réflexe de rabaissement et de dévaluation d'eux-mêmes. Du moins dans un premier temps. Car ils se sentaient ensuite légers et libérés lorsqu'ils apprenaient à faire la distinction essentielle entre leurs comportements, leurs qualités techniques, leurs certitudes, et qui ils étaient et demeureraient sur le plan identitaire, quels que soient leurs résultats. Ils ont compris que rater se jouait à de nombreux niveaux, sans jamais remettre en cause ni leur rôle ni leur particularisme.

J'ai coaché durant trois années un jeune pilote automobile, Michaël Rossi… un prénom de champion associé à un nom de conquérant. Mick, comme nous le surnommons, est un virtuose du volant, qui y est venu sur le tard. Par « hasard », même s'il n'y en a pas selon moi. Un jour d'été, son père, gros travailleur, avait un rendez-vous qu'il ne pouvait remettre. Mais aussi son jeune Mick, âgé d'une quinzaine d'années, sur les bras. Qu'à cela ne tienne, il le confia quelques heures au responsable d'un circuit de karting, pendant qu'il honorait son entrevue professionnelle. À son retour, il éprouva une grande frayeur lorsqu'il ne trouva plus son fils là où il l'avait laissé – sur le petit circuit de karting pour débutants. De loin montaient des rugissements aigus de moteurs à deux temps et des nuages de fumée bleue. Notre inquiet papa découvrit avec stupeur son rejeton, les fesses dans le baquet d'un 125 cm^3, faisant la pige aux habitués du circuit. Quand je vous dis « virtuose », je vous dis « as des as ». Voilà comment Michaël s'est découvert être un champion. Le chemin a ensuite été difficile, mais rapide, puisqu'il a fini en apothéose, dans le championnat WTCC, aux côtés des plus grands, tout en ayant été, entre-temps, champion d'Europe en Renault Sport à l'Eurocup Mégane Trophy.

Michaël était capable du meilleur comme du pire, dans ces compétitions sous pression. Nous avons passé beaucoup de temps à travailler sur ses feed-back positifs, essentiels à sa construction. Pour, enfin, l'amener à faire la distinction – intellectuellement d'abord, puis émotionnellement ensuite, et donc physiquement – entre ce qu'il ratait… et qui il était. Pas facile pour lui, aux côtés d'un papa aimant, mais tellement exigeant, vivant parfois par procuration la réussite de son fils, et contaminant inconsciemment son « petit » de ses propres doutes identitaires. Mais en homme intelligent, son père parvint, après moult difficultés, à prendre le recul nécessaire pour permettre à Mick de se réaliser, et de s'accomplir pleinement. Sans aucun doute identitaire.

Les questions que nous abordions lors de ces feed-back après une compétition ?

- Était-ce le bon lieu et le bon moment ?
- Ai-je fait ce qu'il fallait ?
- Sais-je faire, et quels savoir-faire développer ou renforcer pour y arriver ?
- Ai-je suffisamment confiance en moi ? Et comment y croire davantage ?

Mais jamais, ô combien jamais : « Qui suis-je ? » pour me permettre d'y arriver... Là, pas de doute. Vous êtes une fille ou un fils du monde, libre à vous de renverser votre montagne ou votre chaise...

C'est LE travail positif qui permet à tous, champions en herbe, ou du monde, mais aussi père, mère, professeur, médecin, chef d'entreprise, collaborateur, de s'épanouir. Sans contestation ni controverse.

Vous voyez, la vie est belle !

14 L'optimiste atteint un haut degré de réalisation personnelle

Le sentiment d'efficacité personnelle est essentiel pour développer la motivation, la persévérance et l'accomplissement.

Pour profiter de la vie en optimiste, nous pouvons nous focaliser sur ce qu'elle nous amène de bon. Le positif a appris à se congratuler et à tirer le meilleur de ce qu'il fait. De manière factuelle.

Albert Bandura, psychologue canadien, a mis au point les concepts d'apprentissage social et d'auto-efficacité. En substance, pour ce qui nous intéresse, il traite de notre capacité à nous réaliser, et à nous donner du feed-back constructif et positif sur ce que nous réussissons, comme sur ce que nous échouons. Selon lui, les individus structurent très jeunes, dès les premiers apprentissages, un « SEP », un sentiment d'efficacité personnelle, qui est essentiel pour développer la motivation, la persévérance et l'accomplissement. Si nous ne sommes pas convaincus d'obtenir les résultats que nous visons, grâce à nous-même et à nos propres actions, nous réduisons nos raisons d'agir et de persévérer dans nos objectifs, nos projets ou même nos apprentissages. Bref, nous plongeons dans le côté obscur.

Nous avons parfois de drôles de manières de réagir à nos échecs ou à nos réussites, en fonction de nos attentes, élevées ou faibles. Les pessimistes ont une tendance incroyable, lorsqu'ils font mieux que ce à quoi ils s'attendaient, à ne pas tenir compte de leur performance, voire à la justifier comme un grand coup de chance ou une coïncidence.

Nous avons tous des compétences inexploitées, inconscientes, latentes. Nous ne les utilisons pas parce que nous nous restreignons, encore une fois, de par nos croyances limitantes. Nous avons cette incroyable autocapacité à nous surpasser ou à nous inhiber. Selon la manière dont nous nous voyons et nous vivons : comme une personne responsable profitant de tout ce que la vie lui offre de meilleur ou, au contraire, comme une personne bloquée, verrouillée par ce à quoi la vie semble la condamner. L'effet placebo, en médecine, est l'illustration même de la possibilité de notre corps à mobiliser ses capacités d'autoguérison. Nous avons ces mêmes autocapacités dans la vie et dans les expériences auxquelles elle nous confronte. Ma réussite dépend de ma manière de la concevoir et de me la représenter.

Quand nous suivons une formation professionnelle, par exemple, nous développons une forte attente de changement. Nous avons mobilisé de manière inconsciente tout ce que nous avons de meilleur en nous, déjà présent sous la forme de compétences. Notre forte attente de résultat et de performance stimule ces compétences. Merveilleux... nous progressons. Mais rapidement, arrive une phase de plateau dans notre progression. Notre attente est de plus en plus importante, mais nos performances stagnent, voire – parce que nous ne changeons pas notre manière de faire – elles régressent. À ce moment précis doivent être développées de nouvelles compétences. Sans quoi, nos efforts non récompensés vont nous précipiter dans le découragement.

Le pessimiste cède aux sirènes négatives de l'autodévaluation, ou aux revendications contre son environnement. Il se dit : « De toute façon, je suis nul, ça ne marchera jamais. C'est toujours la même chose dans la vie. »

Le positif, l'optimiste va savoir se donner du feed-back, conscient qu'il doit amener une forme de variété dans ses manières d'agir. Pour passer ce cap de régression. Parce qu'il intègre, dès le commencement de son apprentissage, qu'il y aura des phases de plateau. Sa vision positive va lui permettre de les intégrer, profondément, solidement. Pour lui, la confrontation aux expériences difficiles est une opportunité de progrès. Il est, comme nous l'avons vu plus haut, responsable de ses actes et de ses conséquences.

Voici la démarche que nous pouvons tous suivre, pour progresser, et positiver nos expériences.

Lorsque nous n'arrivons pas à atteindre nos objectifs, malgré tous nos efforts, nous codons ce moment comme un échec. Nous pouvons néanmoins recadrer cette façon dévalorisante de nous juger, pour maintenir, voire recréer, un état suffisant de motivation. Essayez, vous risquez même de réussir ! Prenez une situation récente où vous vous êtes lamentablement planté. Et questionnez-vous : « Ce que je vis pour l'instant comme un minable échec, que puis-je en apprendre ? Qu'en sort-il de positif ? » Intuitivement, que pensez-vous qu'il serait bon de changer, d'ajouter ou de renforcer, dans cette première manière d'avoir tenté d'atteindre votre objectif ?

Comme nous l'avons vu plus haut, notre nature nous conduit à remonter nos faiblesses au niveau de notre identité. C'est le cas lorsqu'on se dit : « Je suis un con. » Mais nous pouvons apprendre à recadrer nos perceptions négatives d'identité, en nous focalisant cette fois, non plus sur « qui nous sommes ou ne sommes pas », mais plutôt sur les savoir-faire que nous devrions développer pour créer une passerelle entre nos attentes... et nos performances. Par exemple, vous pourriez essayer de vous dire : « Eh bien, ce n'est pas que je suis un ou une... (nom d'oiseau que je vous laisse le soin de compléter !), mais j'ai juste besoin de développer plus d'aptitude à... (maîtriser une technique, mon temps, etc.). »

Revenons à cette notion d'intention positive, que nous avons définie plus haut. Vous vous souvenez, tout ce que nous faisons est légitime pour nous. Et suit une logique de recherche de bénéfice. Alors, apprenons ensemble à découvrir quels éventuels avantages nous avons à « rater », à rester planté au milieu du gué. Nous pouvons recadrer cette perception de non-aboutissement. En apprenant à repérer quels sont nos bénéfices secondaires, cachés, souvent liés à notre passé et à nos ancrages, et en les compensant, en empruntant de nouvelles manières d'agir. Par exemple, vous pourrez vous dire : « Voici quel est mon comportement inapproprié... (complétez). Les avantages que me procure ce comportement inapproprié sont... (complétez). Mais je peux réussir à compenser ces avantages en adoptant des comportements différents, des manières de faire alternatives comme... (complétez). »

Allons plus loin. Comme nous sommes parfois viscéralement attachés au passé, nous avons – encore – des pensées négatives qui viennent bloquer nos processus de changement et de progression : on ne fait pas la peau à tant d'années d'habitude, juste en claquant des doigts. Allez, un peu de bienveillance à votre égard, demandez-vous : « Quelles sont les pensées négatives qui me viennent, du type "Oh ! De toute façon, ça ne marchera pas !" ? » Cherchez les intentions positives qui se cachent derrière ces pensées négatives : par exemple vous protéger, vous éviter de souffrir, de rater à nouveau. Puis vous pouvez affiner ce questionnement : « Que puis-je faire, à l'inverse de ces modes de résistance, pour atteindre mes objectifs ? » Par exemple, trouver une aide extérieure, changer ma manière de gérer mon temps, etc.

On ne fait pas la peau à des années d'habitude, juste en claquant des doigts.

Enfin, nous regorgeons tous de ressources inépuisables, accumulées depuis notre plus tendre enfance. Des choses que nous savons faire, parce que nous avons eu des personnes formidables autour de nous. Des environnements « soutenants », de paix, qui peuvent nous aider à nous sentir solides et en sécurité. Il est bon d'aller chercher dans ce panier sans fond tout ce qui peut nous permettre de nous sentir positif et inébranlable dans des contextes d'insécurité. Repensez à un ami qui peut vous offrir un soutien robuste et sans jugement, replongez-vous dans une expérience vécue où vous avez été capable de changer efficacement quelque chose, rappelez-vous ce que vous avez fait alors pour gérer avec succès les difficultés. Identifiez même une personne qui a été un supporter efficace pour vous, même si elle ne fait plus partie de votre vie aujourd'hui. Imaginez que cette personne est là, juste à vos côtés, et vous donne les bons conseils pour réussir. Que vous dirait-elle ? Prenez le temps de l'entendre, de l'imaginer et de ressentir sa présence dans les moindres détails.

Alors, commencez-vous à comprendre comment, malgré les difficultés que nous expérimentons tous, nous pouvons utiliser le positif de nos vies et transformer en prodigieux ce qui nous apparaissait au départ comme ordinaire, au mieux, et inadmissible au pire ? Encore un autre pas vers la vue en positif ! Bienvenue sur votre petit nuage tout beau !

15 L'optimiste sait utiliser la force du moment présent

Nous le disions plus haut, la seule réalité est ici et maintenant. Nous ne pouvons plus agir sur notre passé et nous ne pouvons pas prévoir l'avenir. Cela se saurait. Sauf – comme le disait Antoine de Saint-Exupéry – à mettre en ordre son présent. Et, ainsi, être capable de discerner ici et maintenant ce que nous voulons, ce qui nous semble être le mieux pour nous. Nos hommes politiques pourraient s'en inspirer et assumer à 100 % le mandat pour lequel ils ont été élus. Sans penser au suivant, qui semble, à leurs yeux, toujours plus valorisant.

Le positif ne regrette pas ses choix. Il les endosse. Mais surtout, au-delà du fait de les assumer, il sait une chose essentielle qui lui permet de ne jamais regretter. Même si le dénouement n'a pas été celui qu'il attendait, il est conscient – et cela change tout – que l'option posée était la meilleure pour lui, au moment précis où il en a fait le choix. Nous agissons toujours avec la conviction que ce que nous faisons est la meilleure option. Rien ne sert de regretter. Puisque ce que nous avons fait, dans un moment passé où nous étions « ici et maintenant », était alors la meilleure alternative. Ce qui permet de vivre en positif, de ne pas se lamenter.

Toute pensée vous ramenant en arrière ou vous transportant dans l'avenir vous éloigne de la réalité. Utilisez vos pensées si elles sont des ressources. Mais entraînez-vous très vite à les abandonner si elles vous amènent de la confusion. Cesser les omissions, les généralisations et les distorsions négatives en vous focalisant sur votre pensée factuelle, va vous autoriser à vous concentrer sur ce qui est. C'est le propre de l'état zen, celui que vous touchez du doigt lorsque vous devenez des adeptes de la méditation, cet état de pleine conscience et de vacuité. Le positif sait rester concentré sans, d'ailleurs, vivre cela comme un effort de concentration.

Imaginons que nous sommes confrontés à un examen important, ou que nous allons vivre une réunion déterminante pour notre entreprise. Bref, un enjeu substantiel. Notre bel ego, oiseau de mauvais augure, sait nous entraîner dans les plus belles envolées où notre imagination est féconde. Du coup, nous nous retrouvons, ici et maintenant, incapable de vivre le moment présent décisif, tellement obsédé que nous sommes par ce qui pourrait se passer. Ou encore apeuré par ce qui s'est déroulé dans le passé. Nous souffrons de ce qui a été ou de ce qui n'est pas encore. Alors qu'il n'y a là, maintenant, aucune source réelle de souffrance.

Notre souffrance s'établit par points de comparaison. Qui ne sont même pas factuels. Nous mentalisons, créons des liens, tordons la réalité. En oubliant de préparer ce qui dépend de nous, là, ici. Nous nous mangeons de l'intérieur, alors que l'extérieur ne nous a même pas attaqués. Nous projetons le pire – ou le meilleur – sans savoir ce que la vie nous réserve. Et en passant à côté de la seule certitude : là, ici, nous ne souffrons pas. À moins d'avoir le derrière contre un poêle à bois, ou le doigt dans une prise électrique… Si vous êtes dans cet état de souffrance, que nous rencontrons tous dans nos vies, posez-vous cette question : « Ce qui me fait souffrir est-il ici et maintenant, ou bien fait-il référence à l'avenir ou au passé ? » Vous serez surpris de la réponse. C'est cela, la force du moment présent. Cette puissance, cette force d'attraction dont nous disposons tous et qui nous protège du pire, si nous la

Attention de ne pas nous manger de l'intérieur, quand l'extérieur ne nous a même pas attaqués.

cultivons. Et si le pire se profile, vous aurez les ressources nécessaires pour poser les bonnes options et vous en défaire. Quels que soient les circonstances et les dénouements. Parce que ce qui arrivera factuellement prendra une tournure ou une autre, en fonction de l'idée que vous vous en ferez. Vous avez le contrôle.

J'ai pour ami un garçon formidable, bourré de talents, qui a opté pour la formule « expatriation » et est parti vivre avec famille, armes et bagages, dans une contrée lointaine d'Orient, une vie de prince et de reine. Des années d'une existence à laquelle nous aspirerions tous. Belle maison, bons amis, job passionnant. Beaucoup de légèreté. La fin de la période de rêve a été diamétralement brutale. Un retour en France précipité, une suppression de poste. Un rapatriement « une main devant, une main derrière ». Et une longue période de « galère » qui commença. Et qui dure, depuis plus de dix ans. Enfin, c'est ce qu'il code lui-même, encore tout gonflé de sa merveilleuse vie d'expatrié, dont il ne parvient toujours pas à faire le deuil. Son rapport au passé l'empêche de mesurer la chance qu'il a, sans emploi stable et à un âge avancé ne facilitant pas le retour à l'emploi et les rentrées d'argent, de bénéficier de l'aide de ceux qui l'aiment. Son obsession d'un futur meilleur lui fait piétiner ce qui lui sourit pourtant, insolemment depuis longtemps. Lui seul est dans le noir. Néanmoins, sa hantise, qui en devient une phobie, de l'épouvantable et du mauvais, plonge tous ceux qui le côtoient dans le même marasme. Le noir attire le sombre, le moche entraîne le hideux. Cercle défectueux décrit par le mouvement concentrique du « petit vélo » de l'ego ! À force de rêver et de se rappeler, mon ami n'est plus présent, a oublié les nombreuses aptitudes dont il est l'heureux dépositaire. Et je vous le garantis : ce type est formidable.

16 Recruter des positifs, avant de recruter des champions du monde

Je collabore depuis longtemps avec des équipes. De sport, mais aussi des *teams* en entreprise. Et je suis confronté, par ailleurs, aux idées parfois étriquées que certaines écoles, pourtant réputées, transmettent à leurs élèves, futurs managers de « haut niveau » : « Soyez les meilleurs », « préparez-vous à des vies professionnelles dures et exigeantes », « pas de quartier : la gentillesse est l'apanage des couillons », etc. J'en entends des vertes et des pas mûres !

Les écoles forment des techniciens hors pair. Les clubs de football, de baseball, rachètent les joueurs les plus réputés. Les responsables du recrutement, dans ces domaines sportifs, font des pieds et des mains lors des « mercatos » (les marchés aux bestiaux !), usant de stratégies médiatiques, négociant à couteaux tirés avec les agents, et sont capables d'acheter à prix d'or des joueurs aux pieds d'argile. Souvent incapables de s'intégrer comme des hommes. Les entreprises embauchent des CV. Des femmes et des hommes diplômés des grandes écoles, de préférence.

Peu de ce monde favorisent les aspects humains, avant les critères techniques. Quand vous recrutez, essayez de vous laisser aller à regarder avant toute chose la capacité de votre future élite à respecter les autres, à manager par la bienveillance et l'empathie, à sourire dès le lundi matin, première heure. Osez recruter une femme ou un homme peut-être moins « capé » ou diplômé, mais tellement plus altruiste. Changez votre logiciel : les gentils ne sont pas cons ! Le management humain – pour ne pas dire humaniste – est bien plus rentable que vous ne l'imaginez.

Une équipe de sport qui a en son sein des hommes aux têtes bien faites et aux cœurs « gros comme ça » – malgré des performances techniques inférieures – vous donnera bien plus de victoires, sur le long terme, que l'équipe constituée de l'addition des champions du monde, qui sont souvent très individualistes, assoiffés de reconnaissance, au petit cœur mais à l'ego « gros comme ça » !

Fuyez les tristes et les pessimistes, qui ont tendance, inconsciemment, à vous tirer vers le bas.

Mais surtout, veillez à recruter des optimistes, des positifs, des gens qui sourient à la vie autant qu'à leurs collègues de travail. Il y a des tests et des entretiens faits pour ça. Vous avez aussi vos propres antennes, pour repérer les forts QR (quotient relationnel) avant les forts QI. Nous ne sommes jamais aussi performants et prêts à donner le meilleur de nous-mêmes que quand nous vivons au quotidien dans une ambiance positive et sereine. Fuyez les tristes et les pessimistes. Ils ont tendance, inconsciemment, à vous tirer vers le bas. Laissez-les faire l'éponge, c'est-à-dire tout absorber sans aucun recul, là où vous apprenez à regarder leurs actes avec distance. Cela ne fera pas de vous des étrangers pour autant.

Quelles sont les conditions fondamentales pour obtenir un groupe uni et performant ?

- la bienveillance, tout autant que la justesse ;
- le respect des autres, tout autant que le respect de soi ;
- l'ouverture aux autres, tout autant que la capacité de poser un cadre ;

- la générosité, tout autant que la capacité de gestion ;
- l'humilité, tout autant que les meilleures capacités techniques ;
- la communication et la relation, tout autant que la discrétion ;
- la capacité de dire oui, tout autant que l'aptitude à dire non ;
- la flexibilité comportementale, tout autant que la détermination ;
- le sens du collectif, tout autant que celui des responsabilités ;
- l'optimisme résolu, tout autant que la faculté de rester factuel.

Si vous avez en face de vous un bon technicien, qui réunit toutes ces qualités, vous avez la perle.

Quant aux écoles, je leur suggère de renforcer encore, dans leurs matières essentielles, tout ce qui formera de grands hommes avant de former de bons pros. Je suggère même de réajuster les coefficients, et de donner la priorité, non pas au marketing, aux maths ou à je ne sais quelle autre matière, mais à la philosophie, à la communication et au développement personnel, à l'esprit d'équipe.

Quant à nous, parents, je nous pousse depuis quelque temps à réhabiliter ces valeurs essentielles. En créant au plus tôt, chez nous, pour nos « petits », le meilleur contexte de développement possible. Notre mission, je le rappelle, est d'élever nos bambins, de les hisser au plus haut de ce qu'ils sont en devenir, quels que soient leurs futurs métiers.

17 Parler des problèmes crée des problèmes, parler des solutions crée des solutions

Comme on fait son lit on se couche, disait mon grand-père ! En Europe, et plus particulièrement en France, nous nous noyons dans nos problèmes. Nous les contemplons, nous nous y complaisons, nous flirtons avec eux, et donc nous couchons avec l'horreur. Nous parlons d'eux, qu'ils soient petits ou grands, avec nos amis. Nous pourrions dire que nous avons des ennuis, des difficultés. Mais non, nous parlons de « nos problèmes ». Nous en avons perdu le sens réel. Rappelez-vous : lorsque nous étions petits, à l'école, les premiers problèmes que nous avons eu à résoudre étaient des problèmes de calcul. L'instituteur nous posait un problème. Il nous incitait d'ailleurs à le comprendre avant de le résoudre. C'étaient bien les seuls réels problèmes que nous vivions.

Selon les dictionnaires, un problème est « une situation dans laquelle un obstacle empêche de progresser, d'avancer ou de réaliser ce que l'on veut faire ».

Notre culture est depuis toujours orientée vers les problèmes. Un problème naîtrait lorsqu'il y a une différence entre notre état actuel et celui que nous souhaitons. Ce qui me semble personnellement totalement erroné. Je ne comprends pas en quoi le fait de constater que ce que nous vivons ne colle pas avec ce que nous voulons, est un problème. Nous vivons en mode « problème » parce que nous passons notre temps à comparer un état actuel avec un état désiré.

Plus ce que je désire est éloigné de ce que j'ai, plus mon problème est grand. Et ce fossé nous plonge dans une forme de léthargie, une angoisse, pour certains abyssale. Venant du constat que ce que nous vivons ne nous va pas.

Nous ne vivons pas le « problème » comme une équation à résoudre, un défi à relever, non... Il nous fait tomber dans un état émotionnel négatif, entraînant toutes les réactions et dégâts collatéraux qui y sont associés : nous avons mal au ventre, nous nous sclérosons, nous nous figeons. Nous avons peur, et cela se voit. Nous en parlons, nous décrivons ce qui nous arrive sous toutes ses formes. Nous devenons des experts en problèmes. Certaines écoles font de nous de vrais analystes, des spécialistes des audits, des techniciens de la recherche des causes dudit problème. Nous nous posons et reposons la question : pourquoi ? Pourquoi cela ne marche-t-il pas, pourquoi cela s'est-il passé comme ça, pourquoi ne pas avoir fait autrement ? Nous sommes entièrement tournés vers le passé. Dans un cadre fermé, statique. Nous mesurons toutes les conséquences négatives du problème, sur nous, sur notre entourage. Nous tentons même d'attribuer des responsabilités, nous cherchons le ou les coupables. À qui la faute ? Et depuis quand cela dure-t-il ? Et, quand le « problème » se produit, cela fait mal comment ? Quelles en sont les conséquences financières, organisationnelles ?

En résumé, vivre en mode « problème » nous tourne vers le passé, la recherche des pourquoi, et vers les conséquences négatives du « problème » sur nous et notre entourage. Cela crée en nous un état émotionnel noir, triste, ne favorisant certainement pas le passage à l'action, et ne nous aidant pas, ici et maintenant, à comprendre le sens positif de ce que nous expérimentons.

Je ne vois pas en quoi le fait de constater un fossé entre ce que nous vivons et ce que nous voulons est un problème.

Je ne dis pas que comprendre le problème et connaître son contexte est inintéressant. Je précise juste que se complaire dans la situation « problématique » nous tire nécessairement vers le bas.

Plus vous échangez sur les problèmes, plus vous vous associez à eux. Depuis que j'ai très sensiblement réduit mon addiction aux médias, je vis avec légèreté. Rien ne vient noircir le déroulement de mon histoire personnelle. Je ne fuis pas, je choisis simplement d'orienter mes pensées, et donc mes actes, vers du positif et de l'actif. Les nouvelles sont essentiellement négatives, comme j'aime à le souligner. Elles sont même catastrophiques. Amusez-vous un jour à compter les articles positifs d'un journal. Vous serez surpris de leur faible nombre. Le poids des informations continues pèse sur vos vies sans que vous ne vous en rendiez compte. Vous pensez vivre dans un monde dégueulasse parce que ce qu'on vous en montre est infect. Regardez donc avec vos propres yeux, optez pour « la vue en beau » et constatez les bienfaits que cela vous apporte. J'ai supprimé de ma vie tout ce qui me pèse. Je sélectionne ce que je lis, ce que j'écoute, ce que je relaye. Et ce qui me pèse et que la vie dispose, malgré tout, devant ma porte, je l'allège en en ayant une représentation toute positive. Je cherche le cadeau. Il n'y a rien que la vie me donne qui ne contienne pas de cadeau. Rien.

J'ai choisi de vivre ma vie en mode « solution ». Pour moi, un problème n'est pas un élément perturbant pour ma vie. Ma représentation du mot « problème » est dynamique. Si je ressens un fossé entre ce que j'ai et ce que je veux, cela devient pour moi le point de départ d'une éventuelle série d'actes à poser, d'une réflexion à approfondir sur ce que je veux réellement, à la place de ce que j'ai et qui ne me va pas ou plus.

Je vis un problème comme une nécessité de résolution. Là où les pessimistes, les négatifs le vivent comme une source de mal-être. Je vais ainsi déterminer une tâche à réaliser, dans un contexte spécifique, dans des conditions connues. Je vais prendre le temps de définir très précisément le but que je souhaite atteindre. Je vais le contextualiser, je vais le visualiser, je vais le penser tout haut. Plus il sera précis – mais réaliste – plus je vais trouver en moi l'énergie vitale pour l'atteindre. Puis, je vais inventer, créer de toutes pièces, mon modèle de résolution.

Je vais être orienté vers le futur tout en agissant ici et maintenant au présent. Sur tout ce qui est sous mon contrôle. Je vais entrevoir les conséquences positives de ce que je souhaite avoir. Je vais m'imaginer les vivre. Je les vois comme un film dans ma tête. Je les visualise, je les entends, je me permets même de ressentir les émotions que j'imagine vivre lors de l'atteinte de mon objectif... de changement. Parce qu'un problème, posé en mode « recherche de solution », est une merveilleuse manière de changer. Je me fabrique un point d'ancrage profond, dans un cadre ouvert à la créativité. Je suis entièrement tourné vers la construction, la pensée positive et l'action. Je deviens un expert en solution et en créativité. Je suis même capable de modéliser ce que je fais bien. J'oublie mes lacunes pour me concentrer sur mes forces. Et j'entraîne avec moi toutes celles et ceux qui veulent aussi construire. Parce qu'ils me voient heureux, souriant, énergique, créatif.

Je vis un problème comme une nécessité de résolution, là où les pessimistes le vivent comme une source de mal-être.

18 L'optimiste vit en mode « solution »

Je vous propose une « *process story* simplissime » (PSS), que vous pouvez appliquer dans tous les contextes que vous voulez faire évoluer positivement. Il s'agit d'aborder une succession de points factuels, en sept étapes, qui vont vous aider à faire émerger un chemin, un fil rouge vous permettant de garder vos repères positifs, malgré les difficultés que vous risquez de rencontrer.

Étape 1 : bien comprendre ce qui ne vous va plus

Rappelez-vous, le problème ne doit pas être l'état dans lequel vous êtes lorsque vous n'arrivez pas à atteindre votre objectif. Le problème consiste à trouver, non pas une solution, mais une démarche, un chemin qui vous permettra de passer de cet état « présent » que vous ne voulez plus, à cet état tant désiré. En le transformant en désir manifesté. Vous passez de ce que vous ne voulez plus et qui coince, quelles qu'en soient les raisons, à ce que vous désirez plus que tout à sa place. En veillant particulièrement à :

- définir en positif « ce qui coince » (souvenez-vous, le cerveau ne se représente pas concrètement ce que « vous ne voulez plus ». Il lui faut de la nourriture positive pour mettre en route la machine à créer) ;
- le préciser avec des mots factuels. « Faire mieux » est trop abstrait ;
- vous placer dans un contexte tangible, réel, existant : des gens, un lieu... Pas de « Si ma tante en avait ! » ou : « Imaginons que... » Non, du réel ;

- vérifier que votre objectif soit réaliste ;
- et qu'il soit aussi mesurable : quantifiable (chiffrable) ou qualifiable. Être heureux est tout à fait qualifiable : définir de manière factuelle ce mot vous obligera à vous imaginer heureux, tel que vous le souhaitez, et à faire de ce bonheur une description sensorielle (ce que vous voyez, entendez, ressentez) ;
- enfin, évaluez ce qui sera sous votre contrôle : c'est là-dessus que vous devrez vous concentrer pour agir et bouger.

Exemple : je constate que j'ai pris de l'embonpoint ces derniers mois. Je suis serré dans mes vêtements. Je fatigue vite. Je m'essouffle. Tout cela ne me va donc pas. Je veux reprendre le sport. Je vais prendre le temps de préciser : quel sport, combien de fois par semaine je compte le pratiquer, dans quelles conditions et à partir de quand. Pour moi, ce sera le VTT, une fois par semaine, en extérieur, et je reprends ce sport dans quinze jours.

Étape 2 : préciser les conséquences positives de ce que vous voulez

Projetez-vous dans le futur… Et laissez votre imagination galoper vers le plaisir de vivre ce que votre objectif atteint vous permettra d'expérimenter. Qu'aurez-vous de plus ? Qu'est-ce que cela vous permettra d'obtenir, de donner, de faire, d'être ? Mesurez aussi les conséquences que ces conséquences auront sur votre entourage. Et mesurez même ce que ces conséquences sur votre entourage auront en retour sur vous !

Nous savons que l'objectif en lui-même n'est pas suffisant pour nous pousser à agir. Ce qui nous motive, c'est précisément le fait d'imaginer ce que va nous permettre cet objectif. En visualiser les résultats, en ressentir les bienfaits, voilà une source d'énergie qui va vous mettre dans une posture positive de changement.

Si je reprends le VTT, cela me permettra de rééquilibrer mon poids, mais aussi de me sentir plus détendu, plus apaisé. Je serai sans doute plus performant dans mon travail, et ma compagne constatera aussi que je suis plus serein à la maison. Je pourrai remettre les jeans que j'ai stockés au fond de mes tiroirs, les chemises aussi.

Étape 3 : prendre du temps pour renforcer la représentation de ce que vous souhaitez

Vous allez vous projeter dans le futur. Proche ou plus lointain. C'est vous qui voyez ! Que constaterez-vous lorsque vous aurez changé, tel que vous le souhaitez ? Que verrez-vous factuellement autour de vous, qu'entendrez-vous, que ressentirez-vous ? Faites cet exercice en veillant à être le plus réel possible. Encore une fois il s'agit d'une phase de rêve éveillé.

Si je reprends le VTT, je saurai que ce que je veux est réellement atteint quand j'aurai planifié dans mon agenda trois heures de sortie par semaine, en une seule randonnée, et que cela durera au moins trois mois. Ce qui sera pour moi le temps nécessaire pour affirmer que je serai assidu.

Une étape *bis* consiste à préciser des points de passage intermédiaires dans mon avancée, surtout si ce que nous voulons est difficile, loin dans le temps. Plus notre objectif de changement est complexe, plus il nous faudra, pour rester motivé tout au long du chemin, des bornes indicatrices de progrès. Rien de tel que de pouvoir mesurer votre progression. Ça booste et encourage. Si vous avez la chance d'avoir auprès de vous quelqu'un qui constate vos progrès et vous en félicite, vous en fait part, vous verrez à quel point cela vous rendra léger.

Pour ma part, je peux déterminer quelques étapes intermédiaires qui me permettront de me sentir réellement engagé dans l'atteinte de mes résultats : je sais, par exemple, qu'une première étape consistera à faire réparer mon vélo. Mais aussi à me rééquiper de pied en cap. Je n'aurai pas pour autant mis le derrière sur ma selle, mais ce sera assez motivant pour m'encourager à fixer ma première date de sortie.

Étape 4 : lister, de manière exhaustive, tout ce que vous imaginez être « bloquant »

C'est la seule étape « négative » de la démarche : lister ce qui fait, ou pourra faire obstacle. Sans chercher à trouver une seule solution. Juste se permettre, de manière consciente et créative, de rédiger cette check-list de barrières factuelles, psychologiques. Vous allez de nouveau penser à ce que vous voulez, et écrire tout ce qui est susceptible de vous empêcher d'atteindre cet état désiré. Surtout, amusez-vous à chercher, à creuser tout ce qui peut réellement gêner votre progression. Si vous identifiez un manque de temps, entrez dans le détail de la tâche à accomplir pour en déterminer le timing exact. Si vous identifiez un manque de savoir-faire, précisez quelle est cette capacité qui vous manque. Soyez le plus factuel possible, contextualisez – encore une fois. C'est le secret de la réussite : avoir des pensées claires, opérationnelles, afin de les transformer en actes tangibles.

C'est le secret de la réussite : avoir des pensées claires, opérationnelles, afin de les transformer en actes tangibles.

Pour moi, rouler seul à VTT est un obstacle. Parce que je manque parfois de courage. La fatigue accumulée en est un autre. Et l'état de mon VTT tout autant. Ainsi que mes chaussures, non adaptées aux sorties hivernales, tout comme mes gants et mon coupe-vent. J'ai aussi peur, physiquement. J'ai perdu un ami d'enfance, qui a fait une crise cardiaque en reprenant le rugby. Je suis obsédé par cela. Enfin, mon emploi du temps est souvent tellement chargé que j'ai du mal à quitter la position « avachie ».

Étape 5 : évaluer les conséquences négatives que le changement risque de provoquer

Dit autrement, c'est ce que nous avons appelé plus haut les bénéfices cachés, les intentions positives. Mais ici, elles nous laissent figés dans l'état « problème ». Nous pouvons avoir envie de bouger, mais posséder une part en nous qui, elle, a tout intérêt à ce que nous ne bougions pas. Je peux avoir une intense envie de reprendre le sport, mais ressentir au fond de moi la culpabilité de prendre sur le temps familial trois heures « juste pour moi » !

Cette étape est importante parce qu'elle facilitera la levée d'un obstacle souvent inconscient au départ. Elle permettra aussi d'évaluer si ce que vous voulez en « vaut la chandelle », et déterminera jusqu'où vous êtes prêt à aller. Peut-être même ferez-vous évoluer votre objectif de changement.

Pour ma part, faire du VTT prendra sans aucun doute du temps sur ma vie familiale. Mais ne pas prendre ce temps pour moi me rendrait irritable, voire exécrable avec mon entourage. Ça en vaut donc la peine.

Étape 6 : reprendre la liste des obstacles et, pour chacun d'eux, disposer d'une solution

Vous serez surpris de la facilité avec laquelle vous trouverez en vous, ou à l'extérieur, tout ce qui vous permettra de bouger, dans le bon sens. Vous serez aussi enchanté de vous sentir tout doucement, mais certainement, avancer vers ce que vous voulez, qui est imprimé dans votre esprit. Je vous rappelle que plus vous avez une image forte, précise, factuelle de ce que vous voulez, plus vous vous donnez les chances d'y arriver. Et l'effet est merveilleux : vous vous sentez en vie. Vous bougez, vous progressez.

Voilà ce que j'ai fait pour reprendre mon sport favori. Pour moi, rouler seul est un obstacle ? Qu'à cela ne tienne, je vais demander à un ami passionné de VTT de m'accompagner. La fatigue accumulée en est un autre ? Je vais gérer mes temps de repos dans la semaine, et notamment dormir dès que je le peux, dans le train, dans l'avion. Je vais me coucher une heure plus tôt tous les soirs. L'état de mon VTT ? C'est l'une des premières choses à faire : direction réparation ! Mes chaussures, mes gants et mon coupe-vent ? Petit tour chez le marchand de cycles. Peur de mourir d'une crise cardiaque ? Allez, un petit rendez-vous chez le médecin du sport pour un test d'effort, un check-up complet, histoire d'être rassuré... Enfin, mon emploi du temps pour quitter la position « avachie » ? Mes séances « dodo » devraient me permettre de me sentir vite rééquilibré. Ah, la vie est belle !

Étape 7 : passer à l'acte... au boulot !

Allez, on sort les agendas et on planifie les actions. Vous êtes profondément en vie. Votre vie vous appartient. Vous êtes aux commandes.

Elle vous a mis des choses que vous n'avez pas choisies sur votre chemin. Mais vous avez déterminé vous-même, en toute liberté, ce que vous allez en faire. Vous tracez ce chemin.

Vous êtes libre !

Et moi, je suis sur mon vélo !

Essayez, devenez, vous aussi, des experts en solution. Et, cerise sur le gâteau, vous allez aussi faire des heureux autour de vous.

19 Lâcher prise, faire confiance à la vie

Comment sommes-nous devenus des usines à pensées ? Comment avons-nous perdu cette sublime légèreté avec laquelle nous sommes venus au monde, et avec laquelle nous avons grandi dans nos premières années ? Quand je regarde en arrière, je m'aperçois avec stupeur que tout est fait pour créer en nous de la confusion. « Je pense, donc je suis » m'apparaît, aujourd'hui, comme une imposture. Je pense, donc je me meurs ! René Descartes doit se retourner dans son tombeau ! Oui, cette faculté de penser démontre philosophiquement que nous sommes des êtres doués de réflexion. Nous avons développé notre cerveau et nous nous différencions des animaux, par cette faculté de réfléchir.

Mais nous confondons réflexions, nécessaires dans un contexte d'action, avec vague à l'âme, pensées obscures venant nous submerger lorsque nous sommes confrontés à des événements douloureux, inattendus. Nous imaginons, nous cherchons des explications, nous posons des hypothèses, nous tirons des plans sur la comète, nous exhortons le sort et Dieu, quel que soit son nom. Nous nageons à contre-courant, plutôt que de nous laisser porter par les vagues. Nous nous plaignons de la vie et de sa dureté, nous ne voyons, dans ce qu'elle nous donne, que les contraintes qu'elle nous impose. Nous jetons un regard acerbe sur nos voisins et nous cherchons les injustices dès que nous détectons des inégalités. Ce coquin de sort nous écrase. Alors, nous prions Dieu, Allah, Jéhovah, le grand Architecte, ou je ne sais quelle divinité. Nous devenons même des Don Camillo capables de les enguirlander. Nous voulons tout contrôler. Nous nous livrons sans répit aux distorsions, omissions et généralisations négatives dont nous avons parlé plus haut. Et nos émotions suivent gentiment, mais inexorablement, nos pensées. Et notre corps se tend, se gonfle, se durcit, se tord autant que nous tordons nos pensées. Souvenez-vous, le corps et le mental font partie d'un tout interdépendant !

Ce coquin de sort nous écrase. Alors, nous prions Dieu, ou je ne sais quelle divinité.

Nous continuons de nous révolter contre ce courant que nous ne savons pas dompter. Sans nous rendre compte que le seul moyen de vivre consiste justement à « lâcher », à cesser de nous épuiser dans cette nage à contre-courant. Que le seul moyen de nous diriger consiste justement à nous laisser emporter par ce flot de vie. C'est dans ce courant, dans ces flots, en s'y lançant tout entier en confiance, que nous sommes capables de nous diriger. Sans beaucoup d'effort d'ailleurs.

À force d'imaginer le pire – alors que nous ne savons même pas ce que la vie nous réserve –, ce pire nous conditionne. Je ne vous conseille absolument pas d'imaginer le meilleur. Certainement pas. Je vous suggère juste d'arrêter de chercher à imaginer. Restez factuel. Agissez sur ce qui dépend de vous. Chaque fois que vous imaginez la vie demain, ou tout à l'heure, il y a toutes les chances que vous vous trompiez.

Prendre la vie en positif ne revient pas à ne rien croire, mais plutôt à lâcher les croyances limitantes que nous échafaudons depuis longtemps.

Prendre la vie en positif consiste en la capacité, que nous avons tous, de prendre dans tout événement le présent qui s'y trouve. Sous une forme ou sous une autre. Mais de comprendre aussi que, parfois, comme dans l'histoire que je vous ai racontée plus haut sur le paysan saharien et son fils, le cadeau est d'abord invisible à l'œil et à l'âme. Les miracles se déguisent souvent. Les rencontres essentielles peuvent se dissimuler dans une simple poignée de main.

Nous devons développer cette capacité innée d'être lucide, ici et maintenant, attentif à la vie, pour repérer ce qu'elle nous offre et qui va dans le sens de nos projets. Nous devons faire confiance et lâcher prise, ouvrir les mains, délivrer nos cœurs, pour vivre ce miracle continuel qu'est la vie.

Nous devons aussi avoir un but, un projet, une légende personnelle à accomplir (comme le précisait Paulo Coelho dans son livre *L'Alchimiste*[1]). Et être capable de distinguer, dans ce courant, ce qui va servir ce projet, le fortifier, l'aider à se réaliser.

Pour lâcher prise, étudiez-vous. Soyez un être vous connaissant vous-même. Développez-vous, avant de développer votre science et votre culture sur la vie. Apprenez à vous faire confiance pour avoir confiance en votre capacité à être léger.

Prendre la vie en positif revient à lâcher les croyances limitantes que nous échafaudons depuis longtemps.

1. Paulo Coelho, *L'Alchimiste*, J'ai lu, 2007.

20 Aimer en positif

D'abord, je ne considère pas la femme comme le « sexe opposé », mais plutôt comme le « sexe complémentaire » !

Puis, il y a Amour... et amour. Celui qui nous solidifie, et qui nous fait grandir. Et celui qui se nourrit de l'autre et le dévore, comme il nous dévore.

Certains de mes amis seront tentés de dire que je ne suis pas un exemple à suivre en ce qui concerne la vie affective. Eux qui me surnommaient Francky l'Amour, tant je tombais amoureux dès le premier baiser, voire avant ! Je crois avoir beaucoup souffert en amour, tout autant que j'ai fait souffrir. Du moins l'ai-je pensé longtemps. Aujourd'hui, lorsque je me retourne pour comprendre ma vie affective, je suis capable de retrouver mon « chemin ». Et je l'apprécie.

Adolescent, je n'avais de cesse de démontrer ma capacité à être comme les « femmes de ma vie » – ma mère, ma grand-mère et ma sœur – attendaient que je sois : un homme solide et fragile à la fois, respectueux de la gent féminine, galant, doux, attentionné, sensible. Pas facile d'être si « doux », lorsqu'on a pour modèle masculin deux grands-pères supermen ayant tout réussi, super-héros de guerre, l'un médaillé sur le champ de bataille, l'autre, tout aussi méritant, résistant dans les territoires de l'ombre. Tous deux devenant pour moi, inconsciemment alors, des mentors. Une comparaison qui, j'avoue, ne m'a pas aidé, moi le tout gentil, car elle a créé une double contrainte : être un vrai mec comme eux – comme mon père aussi, autre héros des temps plus modernes, sorti de HEC, expert en marketing, ayant sans doute pensé, avant l'heure et les meilleurs spécialistes, l'Europe moderne, et l'ayant même entreprise – et, en même temps, être un tendre mari, un bon père, avec la farandole des superlatifs décrits quelques lignes plus haut. J'ai tenté de vraies histoires d'amour sincère. Qui m'ont rendu heureux, qui ont fait de moi par trois fois un père heureux. Mais ni un mari exceptionnel ni même un homme apaisé par l'expérience d'un amour positif et constructif. Du moins, jusqu'à mes 54 ans...

Mon premier mariage, j'en eus deux devant monsieur le maire, m'a donné mes deux merveilleux enfants, mes aînés, mais aussi – au-delà de vrais moments de bonheur qui m'ont comblé – mes premiers tiraillements d'amoureux immature. Une forme d'amour violent, façon cheval sauvage. Une énergie folle, des ruades tout aussi belles et impressionnantes que stériles et épuisantes. La confrontation de deux caractères, réalisant pour l'un que la fidélité à ses idées était plus facile à penser qu'à vivre, et comprenant, pour l'autre, que la vie sentimentale n'était finalement pas un conte de princesse. Une petite décennie remplie d'efforts, de souffrances, de désillusions.

Mon second mariage m'a donné ma tendre deuxième fille, tout autant qu'il me permit de m'autoconsacrer, enfin, « super-héros », sauveur malgré elle d'une maman désemparée, fragile et solide à la fois. J'étais Zorro, Batman, Supermec, là où elle attendait juste que je sois celui qu'elle avait imaginé épouser. J'avais trouvé celle qui allait me permettre de devenir ce que ces dames attendaient que je sois : homme et femme à la fois, père et mère d'un coup d'un seul, sauveur, Dieu... comme elle aimait m'appeler dans nos dernières années de vie commune. Je me suis sans doute un peu pris pour Lui, tant j'aurais aimé faire des miracles. Dure réalité que de prendre en pleine poire le fruit de vos désillusions – encore. Encore un amour dévoré et dévorant qui, malgré les doux moments et les merveilleux souvenirs, m'a laissé – du moins pour quelque temps – un creux au ventre que personne ne pouvait remplir, sauf peut-être moi.

Il m'a fallu une troisième expérience, sans aucun fruit à notre amour cette fois, pour comprendre que je n'étais ni Dieu ni Zorro, ni Batman ni même un sauveur. L'élue de mon cœur n'avait d'ailleurs pas besoin d'être sauvée. Une belle histoire, mais m'ayant transformé en drogué de ses attentions, en dépendant de ses regards, en camé de ses petites touches d'altruisme qu'elle a su m'offrir, pour être conforme à ce que j'attendais d'elle. Une somme d'efforts qu'elle comme moi avons faits durant plus de dix ans. Pour nous apercevoir que, d'amoureux transis, nous étions devenus zombies assoiffés de l'autre, tentant désespérément de nous nourrir en mordant ici et là, sans conscience de ce qui se passait pour nous deux : nous nous desséchions. Je me sentais mourir à petit feu, comme je la voyais tenter de survivre tout en essayant de s'approcher de la haute, très haute image féminine à laquelle mes demandes répétitives lui exhortaient de correspondre.

Là, la répétition des erreurs et le cumul des expériences m'ont brutalement, mais de manière salvatrice, écarquillé l'œil. D'abord le gauche, celui qui voit en dehors, mais aussi le droit, celui qui, chez moi, joue l'introspection... Rappelez-vous, je vois différemment ! Oui, je vois non seulement en beau, mais j'ai aussi « un œil dedans, un autre dehors ». C'est mon petit plus !

Aimer en positif, c'est s'enrichir mutuellement, être présent pour l'autre tout en exprimant ses propres besoins.

Bref, aimer en positif – cela m'est apparu après un pèlerinage en Asie – ne consiste pas, comme vu rapidement plus haut, à se nourrir de l'autre et le dévorer, mais plutôt à se nourrir de la vie, pour grandir et offrir à l'autre le meilleur de ce que vous êtes.

Aimer en positif se mesure, non pas par le « zéro » tension, même s'il y en a parfois, mais plutôt par cette douce sensation pérenne, durable, de s'enrichir mutuellement, de se soutenir, d'être présent pour l'autre tout en exprimant ses propres besoins.

Aimer en positif vous fortifie, tout autant que la force de cet Amour encourage l'autre à développer ce qu'il ou elle a de meilleur.

Aimer en positif vous rend tous deux positifs. Je ne parle pas de cette passion dévorante qui vous aveugle. Même si ces moments, j'en suis le témoin assidu, vous font penser que vous êtes en vie. Ces moments sont extraordinaires, et il faut les vivre. L'amour positif, celui que l'on construit au quotidien, sait garder en lui ce temps de référence, tout en étant conscient de la force profonde qui va lui succéder : force faite de respect, de bienveillance, de détermination à continuer malgré les difficultés qui se présenteront peut-être, à les transformer en ressources inépuisables.

Je ne suis pas un expert en amour, mes ex vous le certifieront. Je suis, en revanche, devenu un volontaire instoppable de la recherche du bonheur à deux.

La vie à deux est merveilleuse, foi d'optimiste.

La vie à deux est un fabuleux chemin de construction.

Toutes mes histoires d'amour passées, même si elles se sont mal terminées, sont ancrées en moi et m'ont fait m'ouvrir à celle que je vis, ici et maintenant. J'ai pour les « femmes de ma vie » un amour éternel. J'aime à penser qu'elles peuvent s'en nourrir enfin.

La seconde moitié de ma cinquantaine, je l'ai attaquée serein ! Émerveillé, emballé à l'idée de construire une nouvelle merveilleuse histoire, avec celle que j'ai réussi à emballer. Rendez-vous dans cinquante ans !

Je vous invite à continuer d'aimer, même si les expériences vécues vous ont peut-être découragé.

Je vous exhorte à conserver le beau de ces histoires qui vous ont nourri.

Je vous conjure d'essayer à nouveau d'aimer. Il n'y a rien à craindre dans la rencontre de l'autre.

Oh, et puis, faites donc comme vous voulez, en fait ! Ce sera bien.

Chapitre 3

Ce qui va changer, si vous changez vous-même

« Dans les profondeurs de l'hiver, j'ai finalement appris qu'il y avait en moi un invincible été. »

Albert Camus

Et si, comme le prône le bouddhisme, le changement que nous souhaitons était en nous ? Si nous commencions par faire évoluer nos manières d'agir, de nous parler, de nous regarder, pour porter un regard différent sur le monde ? Vous avez bien compris, nous ne pouvons pas changer les choses qui adviennent, mais c'est ce regard que nous portons sur elles qui fait toute la différence.

Je me rappelle une histoire que nous racontions, mon père et moi, lors d'animations professionnelles que nous menions ensemble. La voici.

Un jeune homme plein de fougue, la tête remplie de rêves, n'était pas satisfait du monde dans lequel il vivait. Les choses, telles qu'elles se déroulaient souvent, le dégoûtaient. Il était plein d'énergie, de vie et d'espérance. Sans doute aussi de naïveté. Le jour vint où il ne put plus tenir. Il alla trouver sa femme et lui dit : « Je pars courir le monde pour le changer. Je ne peux rester ici à attendre que les choses évoluent d'elles-mêmes. J'ai de grandes idées, il faut que j'aille les présenter aux autres. » Sur ces mots, il prit la route pour parcourir le monde. Après un long périple, il découvrit un endroit, selon lui adéquat : un point culminant dominant une vallée. Il se dit que demain serait le grand jour. Le lendemain, il se leva tôt, se prépara. Il se rendit en ce lieu et, aussitôt, il prit la parole. Et il parla, parla, parla... Quelques badauds s'arrêtèrent pour l'écouter, puis passèrent leur chemin. Il s'agita et s'agita et s'agita encore. Mais, face à lui, le vide. Rien ne changeait. Il courut de nombreuses grandes villes, partout dans le monde. Les années passaient...

Épuisé, il se couchait le soir venu, sans être déçu. « Peut-être devrais-je, se disait-il, revoir mes objectifs : je vais plutôt choisir des villes de taille moyenne. Les gens y sont sans doute plus ouverts aux nouvelles idées et aux nouveaux hommes. » C'est ainsi qu'il prit pour cible des villes de plus petite ampleur. Il se levait tôt, se préparait. Il se rendait sur le point culminant qu'il avait repéré et, aussitôt, prenait la parole. Chaque fois, il parlait, parlait et parlait. Quelques badauds s'arrêtaient pour l'écouter, puis passaient leur chemin. Il s'agita et s'agita et s'agita encore. Mais, en face de lui, le vide. Rien ne changeait. Des années passèrent encore.

Épuisé, il se couchait le soir venu, sans jamais être déçu. « Peut-être devrais-je, se dit-il après des mois et des mois de voyage, revoir encore mes objectifs : je vais plutôt choisir des villages. Dans les villages, les gens sont sans doute plus ouverts aux nouvelles idées et aux nouveaux hommes. » C'est ainsi qu'il prit pour cible de nouveaux villages. Inexorablement, il faisait le tour du monde.

Il se levait tôt, se préparait. Il se rendait sur le point culminant du village et, aussitôt, prenait la parole. Et il parlait, parlait et parlait. Quelques badauds s'arrêtaient pour l'écouter, puis passaient très vite leur chemin. Il s'agita et s'agita et s'agita encore. Mais, en face de lui, le vide, toujours le même vide, toujours aucune réaction. Rien ne changeait, tout était figé, les gens malheureux, la politique vicieuse, les pauvres toujours plus pauvres, les nouvelles encore plus tristes de jour en jour. Vraiment, ce monde était négatif, pessimiste. Épuisé, il courait le monde, depuis déjà tant d'années. Il se couchait comme tous les soirs venus.

Son voyage l'avait petit à petit ramené dans son pays. Il aurait bientôt 80 ans, mais il ne les faisait pas. Il avait cette énergie de vie en lui, cette détermination qui l'avait tenu droit durant toutes ces années. Il marcha vers sa ville natale, là où ses proches étaient restés. Où sa femme et ses enfants devaient l'attendre depuis si longtemps, lui et son nouveau monde. Mais rien n'avait réellement changé ici.

Il choisit la place centrale, celle sur laquelle il jouait étant petit. Les gens le reconnaîtraient peut-être. Sans doute serait-il plus facile de changer le monde, ici, presque chez lui. Il se leva tôt, se prépara. Il se rendit sur la place centrale et, aussitôt, prit la parole. Et il parla, parla, parla. Quelques badauds s'arrêtèrent pour l'écouter, puis passèrent leur chemin. Il s'agita et s'agita et s'agita encore. Mais, en face de lui, le vide. Rien ne changeait.

Le lendemain, il se rendrait dans son quartier. Là, on le reconnaîtrait à coup sûr. Et ce serait sans doute un bon point de départ pour changer le monde. Mais rien ne changea.

Le surlendemain, il se rendit dans sa rue, celle de son enfance. Et il parla, parla et parla. Quelques badauds s'arrêtèrent pour l'écouter, puis passèrent leur chemin. Il s'agita et s'agita et s'agita encore. Mais, en face de lui, le vide. Rien ne changeait.

Épuisé par tant de labeur et d'effort pour changer le monde, sans doute un peu déçu cette fois, il poussa la porte de la maison familiale. Ses enfants étaient grands. Ils avaient eux-mêmes des enfants. Son épouse, fidèle, l'attendait malgré toutes ses années d'absence. Il monta sur la table et, aussitôt, prit la parole. Et il parla, parla et parla. Il s'agita et s'agita et s'agita encore. Mais, en face de lui, le vide. Rien ne changeait. Il s'enferma dans sa chambre, durant des jours. « Qu'ai-je pu faire, qui ne me permit pas de changer le monde ? », se demandait-il. Un sage de son village lui rendait visite, et ils échangeaient.

Un matin, brutalement, il se leva, et son regard sur lui-même et le monde changea. Il voyait différemment. Il percevait du neuf, là où son regard n'avait vu dans cette chambre que de l'habituel. Il descendit rejoindre sa famille et il constata que celle-ci aussi avait changé. Il percevait des sourires qu'il n'avait jamais pris le temps de reconnaître.

Il sortit dans sa rue, celle de son enfance, et il en fut de même. Il courut sur la place centrale ; celle-ci aussi avait changé. Son pays avait changé.

La magie avait opéré. Il avait changé le monde.

Avoir des attitudes positives permet de développer un monde positif

Il y a des choses simples à faire bouger dans chacune de nos vies. Des manières d'être et de regarder le monde, des façons d'agir avec les autres et envers soi-même, lesquelles génèrent, de manière automatique, du bon, de l'humainement riche.

Voici une liste non exhaustive d'attitudes créatrices de bien-être. Et donc de positif. Ce sont des actions sur lesquelles le temps n'a pas de prise. Des aptitudes hors des vicissitudes matérielles. Une forme indestructible... Bonne nouvelle, non ? Nous avons en nous une part plus solide que le roc.

Complimentez, plutôt que de pointer le négatif

La critique négative semble facile. Et naturelle, depuis que nous sommes enfants. Comme nous le disions plus haut, nous avons – certains d'entre nous – eu la chance d'avoir des professeurs eux-mêmes élevés à l'énergie positive. Quel bonheur de recevoir des félicitations, de se sentir reconnu, complimenté, par ses parents, un patron, un instituteur ! Complimenter provoque un regain d'énergie et de satisfaction.

Complimenter, c'est « complémenter ». C'est le moteur de la progression, encore plus si le feed-back est constructif. Rappelez-vous les points vus plus haut d'Albert Bandura. Nous ne faisons JAMAIS rien sans avoir en nous, au plus profond, un bénéfice à le faire. Quand votre enfant fait quelque chose d'inapproprié, sachez féliciter, malgré tout, sa volonté de bien faire. Et suggérez-lui gentiment un changement de comportement.

Complimenter provoque un regain d'énergie et de satisfaction. Complimenter, c'est « complémenter ».

Le fils d'une amie passait son temps et son énergie à monter des projets d'entreprise. Il voulait être autonome, ne supportant pas l'autorité. Il avait beaucoup de mal à se fixer sur une idée précise. Chaque idée générait une absolue et totale plongée dans ledit projet, mais l'apparition d'obstacles inattendus, le manque de réflexion en amont et cette naïveté de jeunesse venaient à bout du plan. Et notre jeune entrepreneur passait du coq... à l'âne. Son père, lui-même chef d'entreprise, était profondément agacé par l'« instabilité » de son rejeton. Et son naturel pessimiste (il était adepte du « Il faut souffrir pour réussir » et encore d'autres injonctions familiales qu'il traînait et transmettait à ses enfants) l'amenait tout naturellement (rappelez-vous, le corps et le mental font partie d'un tout interdépendant !) à tenir à son fils des propos eux-mêmes appuyés de comportements et microcomportements laissant entrevoir ses profondes et noires pensées. Qu'il ne se cachait pas, d'ailleurs, d'asséner verbalement à son fils : « Tu es un instable (boum, prends ça dans ton identité !), tu n'es pas fichu de mener au bout un projet, tu ne réfléchis pas avant d'agir, tu vas trop vite, etc. » Bref, une litanie de gentillesses positives cassant les pattes du garçon, pour ne pas dire lui coupant les c...es. Il aurait sans doute été plus constructif de féliciter le jeune homme pour ses idées créatives, pour son énergie constructive, tout en lui suggérant de prendre plus de temps pour approfondir chaque idée, et la soumettre au regard de personnes spécialisées. Son cheminement aurait probablement été totalement différent – apprentissage, certes, mais surtout renforcement de sa formidable personnalité, du haut de ses 21 ans.

Remerciez, plutôt que de passer sous silence ce qui est réalisé

Je rencontre, tous les jours, des chefs d'entreprise qui refusent, tout simplement, de remercier leurs collaborateurs pour le travail effectué. Les raisons de ce refus ? « Ils sont payés pour ça. » Oui, vous lisez bien.

J'ai travaillé dans le passé pour une petite municipalité où le maire, véritable leader charismatique, mais d'une exigence exacerbée, refusait catégoriquement de dire merci à ses agents pour le travail effectué. Parce que cette manière de procéder ne lui correspondait pas. Et parce que ces femmes et ces hommes étaient, selon lui, payés pour cela, dans un contexte de protection sociale lui-même suffisamment avantageux pour constituer une forme de remerciement. Imaginez donc le résultat pour celles et ceux qui donnaient réellement – à leurs yeux – le meilleur d'eux-mêmes, pour être dignes, au mieux, du service public. Remercier est, au-delà d'une marque d'humanisme et de politesse, un formidable moyen d'encourager, de positiver le travail accompli. C'est une façon riche de valoriser autrui, et ainsi de créer une relation de confiance afin de favoriser l'excellence. Même en cas d'erreur, les gens donnent le meilleur d'eux-mêmes. Il ne s'agit pas de remercier le cossard, celui qui profite d'un système, mais bien de constater la tâche accomplie et d'en donner

Remercier est, au-delà d'une marque d'humanisme et de politesse, un formidable moyen d'encourager, de positiver le travail accompli.

un retour gratifiant. La reconnaissance, qui montre l'estime qu'autrui a pour nous, est, dans la pyramide de Maslow, avec le besoin d'accomplissement, parmi les plus hautes attentes (1. Besoins physiologiques, 2. Besoins de sécurité, 3. Besoins d'appartenance, 4. Besoins d'estime de soi et des autres, 5. Besoin d'accomplissement de soi !).

Remercier, c'est juste essentiel.

Souriez, plutôt que de garder enfouis vos sentiments

Il s'agit d'exprimer ce que vous avez au fond de vous. Être extraverti, en ce sens, offre de vous une image positive. Vous êtes, comme nous le sommes tous, vulnérable. Sourire, rire (mais aussi pleurer) sont des marques d'intelligence relationnelle. Une marque caractéristique de la gentillesse. Nous témoignons, en adressant nos sourires, des sentiments de sympathie, d'affection.

Sourire, rire, sont des verbes d'action positive. Sans le faire aux dépens des autres, bien sûr. Sans se moquer. Encore une fois, nous sommes attirés par les personnes qui ont « la banane ». Le rire, le sourire communique le bonheur. Ce sont des actes contagieux.

Aidez, plutôt que de contrarier ou nuire

Dans la vie, demander de l'aide est devenu une marque de faiblesse.

Or, assister, collaborer, contribuer, dépanner, épauler, faciliter, favoriser, seconder, secourir, servir, soulager, soutenir, concourir, conforter, coopérer, participer, prêter, repêcher, soulager, sont des verbes qui positivent la vie. Aucun d'eux ne crée du négatif.

La marque de fabrique des négatifs consiste précisément à rapetisser les autres, à les rabaisser.

Aider ses proches paraît tellement naturel et essentiel. Aider ceux que nous ne connaissons pas ou peu diffuse du positif, dans un monde parfois en perte de repères.

Entreprenez, plutôt que de suivre, râler et critiquer ceux qui osent

Je suis un aficionado de Facebook. Pas un obsédé, mais j'aime cet outil moderne qui permet, avec parcimonie, de donner des nouvelles de soi et de rester en contact avec celles et ceux qui sont loin, et que nous ne voyons pas régulièrement. C'est pour moi un moyen d'entretenir l'amitié.

Néanmoins, c'est aussi un miroir qui communique ce que vous êtes. Parmi mes chers amis, certains se sont révélés être de vrais râleurs, de véritables « polémiqueurs », passant quotidiennement à l'offensive en relevant tout ce qui ne va pas en ce monde. Mais ces mêmes amis ne créent rien. Pour eux, rien ne va plus. Ils ont le regard tourné vers le terrible. Ils ne proposent rien de constructif. Ils sont devenus les rois de l'analyse, discutent, épluchent et googlisent, examinent dans le détail et font des recherches approfondies. Ils blâment, contredisent, désapprouvent. Mais rien de positif.

Si vous ne savez pas créer, participez ! Ça, c'est construire du positif.

Vous voyez, il est simple, là aussi, de changer sa manière de fonctionner. Vous ne perdrez rien à créer. Vous ne serez pas dépouillé. Et si vous ne savez pas faire, participez ! Ça, c'est créer du positif.

Aimez, plutôt que de vivre avec des œillères

N'avez-vous pas cette envie simple, dont nous savons tous jouir, d'aimer et d'apprécier ce que vous avez, ce que vous voyez ? La vie est belle, mais l'absence de communication positive, sur ce qui marche et ce qui va, sur ce qui est valable et beau, nous enferme, bien malgré nous, dans une forme de négation du positif. Écoutez autour de vous les discussions des uns et des autres : nous sommes nous-mêmes devenus des prolongateurs inconscients des mauvaises nouvelles médiatisées. Sans nous rendre compte que nous trions par le noir, par le triste, par le négatif. Nous ne savons même plus apprécier ce que nous avons, et qui parfois est merveilleux. Nous ne savons plus voir le beau dans ce que nous offre la vie. Nous ne savons plus goûter le doux, tant notre langue se délecte de l'amer. Et pourtant, personne n'apprécie l'amertume. Renforcer sa manière d'aimer ce que nous avons fortifie aussi nos stratégies pour une attitude positive.

Pardonnez, plutôt que de laisser la rancœur vous dévorer de l'intérieur

Base de la paix, le pardon est un acte formidable, créateur de positif. Et faire son mea-culpa est un acte tout aussi fort, qui relance la confiance quand elle a été rompue. Pardonner permet de libérer autant que de se libérer soi-même des dettes du passé. Cela consiste en cette force positive que nous avons tous, encore une fois, de recréer au présent, ici, les conditions de réparation du passé, et son lot d'émotions et de souffrances. Accorder son pardon est plus difficile que de demander pardon. L'objectif est la réconciliation, la continuation de la vie. Ne pas pardonner, c'est entretenir, faire vivre et grandir la souffrance que la haine cultive. C'est faire grossir la dette, de telle manière qu'elle ne pourra se payer que par la vengeance primaire. Œil pour œil, dent pour dent.

Vivre en positif, c'est précisément rechercher les conditions du pardon, même si nous devons aller les chercher au plus profond de nous-même. Surtout quand nous devons pardonner des actes particulièrement horribles – un viol, de la maltraitance. Se mettre sur la route du pardon, le vouloir pleinement, même si vous n'y arrivez pas encore, c'est le chemin incontournable qui vous mènera sans aucun doute à la résilience. Celle-ci passe par la réflexion et la parole. J'apprends à pardonner comme à me pardonner.

Vivre en positif nous prémunit de sombrer dans le « côté obscur »

S'entraîner à vivre en positif passe donc par une manière très distincte d'expérimenter la vie. Par des choses simples, que chacun sait parfaitement pratiquer, foi d'optimiste positif !

Observez, persévérez, plutôt que d'abandonner ; décidez, plutôt que de repousser ; fêtez, au lieu d'être blasé, même les petites victoires ; apprenez, progressez, plutôt que de considérer que vous n'êtes pas perfectible ; lâchez prise, parlez, libérez-vous pour alléger vos vies. Égayez ce qui peut l'être en souriant, en « décorant », en changeant, même des choses infimes. Rencontrez, cheminez pour vous enrichir de la culture et des avis des autres, des regards qu'ils portent, parfois différents du vôtre, sur vos manières de vivre et d'être. Élargissez, nourrissez, profitez. Donnez, évoluez, changez, transformez.

En un mot : vivez, plutôt que de subsister en attendant la fin… et le pire.

Revisitons les milieux où il ne fait pas bon vivre

Abordons des contextes stratégiques clés qui, selon moi, doivent être prioritairement choisis, pour apprendre à vivre en positif. Des environnements qui peuvent aussi changer en changeant nous-même. Des milieux où la vie en négatif est commune, à tel point qu'elle semble être la seule réalité. Je vous assure que le factuel est plus riche. Je vous certifie que la prise de conscience de cette vie en optimiste, en en étant soi-même l'incarnation positive, peut nous permettre de construire le meilleur des mondes. Là, les pessimistes cyniques vont sortir leurs fusils.

Prenons du recul par rapport au monde ultrapessimiste des médias

Ceux qui me connaissent savent combien j'apprécie ce milieu, mais aussi à quel point il m'exaspère, tant il semble totalement ignorant des bases mêmes qui le fondent. Loin de moi l'idée d'apprendre aux journalistes à aller chercher l'information : ils sont experts, et mettent parfois en jeu leur propre vie pour dénicher la vérité. Les médias sont indispensables. Mais la manière de diffuser l'information pourrait se pratiquer différemment. Factuellement et sans interprétation.

Je veux que soit mise sous les feux de la conscience collective la capacité de destruction insensée qui appartient aux médias car ils nous présentent un monde rempli d'horreurs. Je vous parlais plus haut de ces erreurs de pensée et de langage que sont les omissions, les généralisations et les liens erronés, les fameuses distorsions. Penser en négatif, et rapporter ce que le monde a de pire, est facile. C'est comme se centrer sur les trains qui arrivent en retard. Mais, encore une fois, parler des beaux événements de la vie ne discrédite pas ce qui ne marche pas. Je voudrais demander aux responsables des angles journalistiques, aux directeurs rédactionnels d'assurer « juste » la parité des informations. Vous n'imaginez pas à quel point nos avis et nos vies changeraient si nous lisions, et regardions, ce qui se passe de bien dans la vie. Vous ne vous rendez sans doute pas compte du changement essentiel que cela représenterait, de lire, dans la presse, une nouvelle sur deux positive. Et qu'on ne me dise pas qu'il n'y en a pas. Il y en a tout autant, voire davantage. Mais, comme j'ai déjà eu l'occasion de vous le dire, le noir fait vendre. La peur fascine.

Je demande aussi aux médias de traiter l'information de manière factuelle. Ou bien de présenter l'angle choisi en expliquant aux spectateurs, aux lecteurs, que le rédacteur de tel article, le rédige sous l'angle de sa propre vision et sous l'influence de ses propres opinions. Il n'existe pas de média neutre. Chacun a sa ligne rédactionnelle. La pluralité des journaux, des chaînes, permet à chacun de s'y retrouver et de prendre l'information à la source de ce qui l'intéresse. Je ne remets aucunement cela en cause. En revanche, ce que je dénonce, c'est cette machiavélique façon d'oublier ce qui existe de bien, au profit d'une insistance sur le pourri, le sale et le – pardonnez-moi ce mot – merdique. Il y a tous les jours des miracles de la vie que personne ne porte à votre attention. Il y a tous les jours des témoignages de progrès sociaux : pas juste des reculs. Il y a tous les jours des réussites entrepreneuriales : pas que des dépôts de bilan. Il y a tous les jours des gens sauvés par d'autres : pas que des êtres assassinés. Il y a encore et encore une somme innombrable de faits positifs qui, s'ils étaient portés à la lumière médiatique, embaumeraient nos cœurs et notre mental, au lieu de les miner durablement.

> ***Je dénonce cette machiavélique façon d'oublier ce qui existe de bien, au profit d'une insistance sur le pourri, le sale et le merdique.***

Soyez conscient que vous avez le pouvoir individuel de changer ce collectif. Il vous suffit – comme je le pratique depuis longtemps – de vous désintoxiquer des médias. Je ne me suis jamais senti aussi léger que depuis que je ne lis presque plus ni n'écoute les informations.

Chaque fois que j'y fais une incursion, je suis sidéré par la violence des images, mais surtout par la façon dont les journaux permanents diffusent, infusent, répandent, font macérer et mariner l'abomination, la répugnance et la laideur. Comme si notre monde ne renfermait pas de beauté, de vivant, de créatif et de merveilleux. Je vous en prie, cessez de croire ce que vous disent ces journaux. Non pas que ce qu'ils vous disent soit faux, mais juste que leur façon de vous présenter le monde est une immense OMISSION. À la manière d'un manipulateur pervers narcissique qui va saisir sa proie, la vider, la critiquer, la « négativer », au point que celle-ci va croire qu'elle est comme les mots que l'autre emploie : nulle, vide, et incapable. La victime du pervers, à force d'entendre sur elle des insanités, va finir par y croire et s'y identifier, en oubliant ses qualités, ses savoir-faire et ses forces. Jusqu'à se suicider, ou se détruire. Nous ne vivons pas dans le monde que les médias nous présentent. Je vous l'assure !

Loin de moi l'idée qu'ils nous manipulent. Disons qu'ils pèchent par abus de profit et par inconscience collective. Les rédacteurs, les journalistes, les éditorialistes sont dans un bocal de noirceurs dont ils ne savent plus s'extraire. Pour eux, le monde est comme ils l'écrivent et le filment : moche, dur et froid. En feu et en guerre.

Moi, mon monde – mais c'est aussi le vôtre – est ce qu'il est, avec ses difficultés et ses prodiges. Mais il a cette diversité qui me permet de le voir dans son ensemble.

Surtout, souvenez-vous, c'est essentiel, que ce monde nous a offert des yeux et des oreilles qui nous permettent de distinguer, plutôt que de généraliser. Ce monde nous a offert la possibilité de discerner, de comprendre factuellement ce qu'il nous présente. Nous avons l'intelligence individuelle et collective de le construire comme nous le souhaitons.

La force de contagion des pessimistes est énorme. Mais celle des positifs peut la contrecarrer.

Luttons contre le bashing, le lynchage des temps modernes

Dans le temps, le lynchage public permettait la violence collective, dans un anonymat relatif. On lâchait les chiens sur la place publique. On jetait les pierres. On lapidait.

Le *bashing* se traduit par « raclée ». On tabasse jusqu'à ce que mort s'ensuive. Et ce n'est pas une image. C'est une bastonnade.

Certaines personnes fragiles ont subi cette poussée négative, cette fois totalement anonyme, permise par l'avènement des réseaux sociaux. Elles ont parfois été acculées au suicide. Le déchaînement médiatique que met en scène ce *bashing* ne lâche pas sa proie, sauf pour une nouvelle victime.

Mon ami Raymond Domenech a été l'une d'elles. Et, avant lui, Aimé Jacquet. Ce que la cible encaisse est du domaine de l'incommensurable. La violence vécue est inouïe. C'est le déchaînement de la haine, du pessimisme, du négatif et de tout ce que la collectivité contient de pire. Si vous êtes au centre du cyclone et que vous n'avez pas la chance d'être solide, ou bien accompagné, vous risquez votre vie.

Rappelez-vous la manière ignoble dont ont été traités Dominique

Strauss-Kahn, Gérard Depardieu, Nicolas Sarkozy, mais aussi, avant eux, Laure Manaudou, Pierre Bérégovoy.

Les raisons invoquées pour ce déchaînement n'ont rien à voir avec la réalité. Nous sommes alors dans la tyrannie de l'immédiat, au cœur de la pression des réseaux sociaux.

Il nous faut prendre un peu de distance et retrouver notre lucidité de pensée.

Nous sommes les premiers acteurs de ce *bashing*, en lui prêtant une oreille, même discrète.

Le *bashing* est l'expression moderne du pessimisme, le canal outrancier par lequel se focalise l'horreur de ce que nous sommes capables de faire, quand nous sommes en état d'inconscience.

Vivre en positif, c'est précisément incarner votre capacité à retrouver votre liberté de penser, votre capacité à prendre en main la vie telle que vous la souhaitez, dans ce qu'elle vous permettra de plus haut et de plus beau. Pour vous et vos enfants.

Sortez de la panne d'espoir qui entraîne la panne d'action.

Sortez de la panne d'espoir qui entraîne la panne d'action.

Formons des positifs, élevons-les pour changer le monde

L'éducation de nos enfants commence à la maison, et continue à l'école. Dès le plus jeune âge.

Avec recul, je comprends, et c'est parfois dur, comment j'ai influencé, bien, mal ou pas assez, mes propres enfants dans leur manière de coder leur vie. Sans regret aucun, je constate les résultats, somme toute plutôt positifs, et les pièges que je n'ai pas su leur éviter. Voire ceux dans lesquels, bien inconsciemment, je les ai jetés.

Nos enfants se construisent au travers de repères sociaux que nous leur inculquons, à la maison et à l'extérieur, notamment à l'école. Ils se renforcent par notre démonstration d'affection, notre tendresse, mais aussi par l'éducation aux plaisirs que nous devons – devrions – leur donner. Mais nous pratiquons plus souvent l'éducation aux devoirs, transmise de génération en génération. Ils se solidifient encore par la reconnaissance dont nous parlions plus haut, qui leur permet de se sentir reconnus et d'exister chez nous comme à l'extérieur.

Chaque jour, à la maison d'abord mais aussi à l'école, nos enfants deviennent plus solides ou fragiles. Nos petits entendent tout ce que nous nous disons, et pas uniquement ce que nous leur adressons directement. Ils entendent les jugements, les injonctions que nous nous lançons, en couple. Ils s'imprègnent de ces phrases, prennent ainsi leurs marques pour se forger une identité propre, une idée de qui ils sont.

Malheureusement, le système scolaire est trop tourné vers la sélection, bien trop inégalitaire. Nos formules pédagogiques écrasent nos enfants et ne permettent pas leur épanouissement. Ce ne sont pas les méthodes éducatives qui sont réellement en jeu. Ce sont justement les attitudes de ceux qui enseignent et qui éduquent. Le résultat est alarmant : plus de 150 000 jeunes sortent chaque année de ce système éducatif… sans rien !

Quant aux parents, ils sont d'un naturel bienveillant. Sauf exception. Mais pourtant, c'est ainsi, nous faisons tous, petits, l'objet de paroles glaçantes, consternantes. De constats jugeants, violents, ne laissant aucune place aux alternatives. Parce que nos parents représentent une forme d'autorité incontestable. Ce que nos parents disent, lorsque nous sommes petits, est forcément vrai. Qui n'a pas eu son lot de « Tu n'arriveras jamais à rien », « Tu es décidément moins fort que ta sœur », « Tu es un malhonnête ». Assénées régulièrement, ces injonctions pénètrent au fond de nos mémoires, souvent insidieusement. Et font de nous des enfants étouffés, meurtris, souffrant de fragilités. Les petites réflexions deviennent réelles; elles prennent vie à notre insu. La loyauté inconsciente à nos parents nous amène à vivre notre propre vie par procuration. Nous sommes chargés de ces injonctions, tant que nous ne faisons pas le travail d'introspection nécessaire à leur éradication.

La loyauté inconsciente à nos parents nous amène à vivre notre propre vie par procuration.

Et je ne parle pas des professeurs, des instituteurs, qui nous ont marqués à vie. Nous l'avons vu, parfois en positif mais souvent en nous chargeant de l'ombre de leurs propres jugements négatifs. Je me régale lorsque je vois la publicité où est dit : « Guy Degrenne, ce n'est pas comme ça que vous réussirez dans la vie ! » Il est aujourd'hui le premier.

J'ai accompagné durant trois ans un joueur de tennis qui oscillait parmi les deux cents meilleurs mondiaux au classement ATP. Un joueur grand et costaud. Un bon physique pour réussir dans ce sport de haut niveau. Nous avons commencé à travailler ensemble dans le cadre de la FFT (Fédération française de tennis). Georges Goven, alors en charge du pôle espoir, m'avait demandé de suivre le jeune garçon. Nous sommes devenus et restés amis. J'ai passé une grande partie de notre temps de travail à l'aider à se déconnecter de ses injonctions parentales, et plus précisément maternelles. Je me souviendrai longtemps – j'ai souvent en tête cet exemple lorsque j'accompagne un sportif – de cette découverte, faite à la suite de plusieurs défaites en demi-finales de tournois. Mon athlète avait le don de gagner tous ses matchs, et de perdre régulièrement en demi-finale. Cela devenait systématique. Rien n'y faisait : la demi-finale était son barrage infranchissable. Il nous faudra des heures de discussion, et il lui faudra des nuits d'introspection pour remonter du fin fond de sa mémoire cette expérience terrible : une injonction aux répercussions morales, mentales, physiques. Un ancrage incarné. Lors du championnat régional auquel il participait comme benjamin, il se retrouva en finale contre un joueur moins bien classé que lui. Au grand dam de ses supporters, il perdit ce match pourtant âprement disputé. À l'échauffement, sa mère lui avait glissé un rapide « Tu ne dois pas perdre ce match ». Rappelez-vous la théorie vue plus haut sur le langage négatif que le cerveau ne sait pas décoder. Ce dernier a retenu : « Tu… dois… perdre ce match. » Mais le pire restait à venir. Sa principale supporter, sa mère, celle qui, elle-même, avait joué à un haut niveau, ne trouva rien de mieux que de lui coller, sur le terrain et dans la figure, une belle gifle. Devant tout le monde. Une claque, une vraie, pas une métaphore. Une baffe qui lui fit tourner la tête… et la lui fit perdre. Durant des années. Jusqu'à ce que nous identifiions ensemble l'origine de ce « pattern », ce modèle répétitif. Dont mon ami put se débarrasser. Il fait aujourd'hui une belle carrière d'entraîneur.

Nous pouvons élever, éduquer, former nos rejetons dans le plus grand respect, en parlant exclusivement un langage positif.

Voilà notre puissance éducative : nous pouvons élever, éduquer, former nos rejetons, dans le plus grand respect. En parlant exclusivement un langage positif. En évitant ces monstrueuses injonctions négatives.

Je rêve que les parents puissent être conscients de ce pouvoir réel qu'ils ont.

À l'heure où leurs enfants entreront dans leur première école, la maternelle des tout-petits, voire la garderie, j'espère que leurs éducateurs, leurs instituteurs auront reçu la formation adéquate pour assumer parfaitement leur merveilleux métier.

Recrutons notre future entreprise, autant qu'elle nous recrute

Je l'ai abordé plus haut, le recrutement se fait souvent en se focalisant sur les faiblesses des futurs recrutés.

J'ai eu l'occasion de travailler avec des cabinets, dont l'obsession était de placer le récipiendaire dans les conditions les plus extrêmes. Juste pour voir. Cela revenait à jeter dans l'eau un brave type qui ne savait pas nager, ou mal, et à le regarder se débattre pour ne pas se noyer. Intéressant, non ? Personnellement, je trouve cela déplorable.

L'autre obsession, c'est de recruter des hypertechniciens, des CV, des femmes et des hommes expérimentés. Sans trop s'aventurer sur les aspects relationnels, lesquels, à mes yeux, priment pourtant sur les compétences techniques pour assumer tout poste (sauf à nécessiter un savoir-faire très spécifique sur un poste très précis).

Je reçois, pour mes clients, les candidats qu'ils souhaitent recruter. Ils me les envoient avec l'unique objectif de comprendre comment cette femme ou cet homme fonctionne, sur le plan relationnel. Les critères fixés sont les suivants :

- doit prendre du plaisir à travailler en équipe ;
- doit être respectueux, honnête et bienveillant ;
- doit être orienté « positif » ;
- doit être flexible, et avoir un QR (quotient relationnel) de haut niveau ;

- puis doit pouvoir assumer les tâches de sa fonction, en disposant des principaux savoir-faire.

Même si le candidat ne remplit que les quatre premiers critères, il est en position de recrutement.

Lorsque je prépare des cadres à leur recrutement, j'en découvre qui ont été esquintés par la vie et souvent par leur dernier poste. Je les ramasse à la petite cuillère. Découragés, parfois dégoûtés, comme des enfants peuvent l'être face à l'Éducation nationale et à certains professeurs, castrateurs et persécuteurs, ils ont une vision très hiérarchique de l'entreprise et du process de recrutement. Le travail de préparation « mentale » est alors proche de celui que je pratique avec les sportifs, les politiciens ou les grands patrons. Je débute par ce recadrage dont j'ai parlé plus haut : ce n'est pas la réalité qui nous limite, mais l'idée que nous nous en faisons. Chaque fois, le recrutement se vit d'abord à sens unique : mes cadres se font recruter. Ils n'avaient jusque-là pas pensé, pas réalisé, qu'ils allaient, eux aussi, recruter : l'entreprise qu'ils vont intégrer, mais aussi celui ou celle avec qui ils travailleront en direct.

C'est le même travail que celui d'une agence matrimoniale : elle fait en sorte que le feeling soit réciproque entre les futurs amoureux. Les objectifs de vie, les valeurs essentielles, les envies et les besoins doivent être proches, voire communs.

Vivre en positif, c'est réaliser qui recrute qui. Le recrutement se fait à double sens.

Vivre en positif, au-delà de la nécessité de recruter des talents, professionnels et humains, c'est aussi, pour chacun, réaliser qui recrute qui. Le recrutement se fait à double sens. En prendre conscience, c'est se comporter, devant son recruteur, différemment des autres candidats. C'est être conscient de ses valeurs et de ses propres besoins pour assumer la mission qui sera éventuellement confiée.

Et l'entreprise sera exclusivement habitée de femmes et d'hommes de cœur, des gentils et des bienveillants, qui prendront avant tout du plaisir à faire ensemble. Pour construire des projets solides et pérennisés.

Comme je le rappelais, les équipes de sport qui réussissent ne sont pas exclusivement faites de champions du monde. Ce sont parfois des champions humains, avant d'être de bons techniciens.

Voilà de quoi avoir de belles équipes, positives et fortes.

Manageons en positif!

Faisons ensemble un petit écart professionnel dans ce livre orienté « personnel ». Car je n'oublie pas que nous sommes tous, dans nos vies, au turbin, au fourneau. Ce temps passé au travail est parfois vécu comme un enrichissement. Souvent, il est subi, parce que le quotidien, durant 7 à 8 heures, est lourd : physiquement pénible, mentalement épuisant. J'ai pu observer des fatigues psychologiques conduisant immanquablement au burn-out, tout comme des exténuations physiques débouchant sur des blessures profondes. Un trader chez Bank of America n'a rien à envier à un ouvrier de Saint-Gobain. Un logisticien de chez Kuehne + Nagel n'a pas, non plus, à jalouser le chef de cabinet d'un homme politique. Et vice versa.

Tout se joue, non pas selon le métier, mais selon la façon dont ce dernier est administré.

On peut vivre avec beaucoup de plaisir, au quotidien, un travail physiquement dur ou mentalement harassant. Il faut, pour cela, créer les conditions positives de l'épanouissement.

Ce qui suit s'adresse donc autant aux femmes et aux hommes qui managent, qu'à ceux qui sont managés.

Je travaille avec bonheur depuis quelque temps avec l'une des entreprises les plus humaines qu'il m'ait été donné de rencontrer : Châteauform', créée par Jacques Horovitz. Jacques était expert dans les domaines de la satisfaction client et de la qualité de service. Il a enseigné à l'ESCP Europe, l'ESSEC, HEC, l'INSEAD et à l'IMD de Lausanne. Puis il a quitté l'enseignement pour l'entreprise : Club Med USA, Disneyland Paris, GrandVision, dont il a été directeur général. Il a créé Châteauform' en 1996. Ce laboratoire d'idées innovantes, tourné vers l'externe comme orienté sur l'interne, a sans doute été son chef-d'œuvre.

Il a quitté ce monde en laissant cet héritage merveilleux, exemple vivant du management positif, humaniste et consensuel. Ses enfants et sa femme Katy y sont toujours impliqués, tout autant que les collaborateurs qu'il a, pour beaucoup, recrutés. Son ami de presque toujours, Daniel Abittan, en est devenu le successeur. Je citerai ce dernier à plusieurs reprises parce que cet humaniste, tout comme l'était Jacques Horovitz, est aussi, lui-même, un exemple vivant de management positif. Il sait repérer la chance tout autant que la cultiver. Pour lui, et pour celles et ceux qui le côtoient. Il est le fondateur de PhotoService, Grand Optical, La Générale d'Optique, Acuitis.

Le management positif mène au succès !

L'essentiel du management est invisible pour les yeux

Manager en positif consiste, bien avant d'être un « consolideur » d'EBITDA[1], à être un épanouisseur de talents. *« On ne voit bien qu'avec le cœur, l'essentiel est invisible pour les yeux »*, disait Antoine de Saint-Exupéry. Le manager positif est avant tout un créateur de confiance. Il sait rechercher la chaleur ajoutée avant de partir à la pêche de la valeur ajoutée. Ses actions relèvent, bien sûr, du domaine de la gestion, mais ce n'est pas l'essentiel de son rôle. Sa position ne peut être réduite à celle de gestionnaire. J'ai rencontré des managers qui passaient toute leur sainte journée devant leur écran d'ordinateur, répondant aux courriels incendiaires d'un supérieur en feu, contrôlant les indicateurs de satisfaction clients, QHSE (qualité, hygiène, sécurité, santé environnement), suivant les plannings, les rétroplannings, l'œil rivé sur les rétroviseurs. Avant même de discuter entre hommes, la main dans la main et les yeux dans les yeux.

Le manager positif est un créateur de confiance. Il sait rechercher la chaleur ajoutée avant de partir à la pêche de la valeur ajoutée.

Manager en positif, c'est, comme j'aime à le rappeler, faire des choses sérieuses sans jamais se prendre au sérieux. Le manager positif réhabilite des valeurs essentielles, auxquelles nous sommes tous et sans exception sensibles :

- comme explicité dans mon deuxième livre, *Le Pouvoir des gentils*[2], ce type de manager rétablit les valeurs de gentillesse et de bienveillance. Il sait cadrer les autres, tout en les respectant ;

1. EBITDA : Earnings Before Interest, Taxes, Depreciation, and Amortization. En français, les revenus d'une société avant intérêts, impôts, dotations aux amortissements et provisions sur immobilisations.
2. Franck Martin, *Le Pouvoir des gentils*, Eyrolles, 2014.

- il va s'acharner au développement de la complicité dans ses équipes. Il est obsédé par les valeurs de confiance, de solidarité et d'entraide ;
- il remercie, comme nous l'avons vu plus haut, et sait aussi féliciter. Rien de tel que de se sentir reconnu ;
- il est, en outre, orienté vers les solutions, plutôt que d'être cet expert en analyse et en pourquoi, que nous avons aussi décrit plus haut.

Notre femme ou notre homme est un pépiniériste, surtout pas un guerrier. Vous saisissez la différence ?

Le manager positif est l'incarnation de cette métaphore : il sait choisir les bonnes graines, en établissant une corrélation forte entre ce qu'il veut développer, faire pousser, et le terrain sur lequel il va les implanter. Il sait précisément les mettre en terre, là où il faut, les mettre en lumière, les arroser. Il est vigilant et observe la pousse, lui donne les soins nécessaires à son développement. Mais, surtout, il lui laisse le temps. Le temps est son allié, pas un coût, ni même une pression. Il cultive la croissance.

Le manager guerrier définit des plans de bataille, déplace ses pions, accepte les dommages collatéraux quand il s'agit de déployer la stratégie gagnante. Il prévoit le taux de perte acceptable – on ne fait pas d'omelette sans casser des œufs. Il étudie ses adversaires et entraîne ses troupes. Il déclenche des campagnes marketing agressives et se bat avec ses actionnaires et ses collaborateurs pour garantir la victoire : le gain.

Comme le soulignait Daniel Abittan lors de sa conférence « Prédateur ou créateur, il vous faut choisir », il y a deux types de management : le management spéculateur, et le management créateur. Jacques

Horovitz l'énonçait en substance dans son livre *L'Entreprise humaniste*[1] : la vision du manager positif « dépasse la vision ancienne qu'une entreprise est là pour produire un bien ou un service. Il a plutôt une responsabilité sociétale ».

Le manager positif sait encourager les initiatives. Il est leader de leaders. Il sait développer une vision de demain et de l'incertain, à laquelle les collaborateurs adhèrent. Il les inspire, et sait les former à savoir saisir leur chance. Saisir sa chance est une compétence qui se travaille. Nous sommes responsables de la chance que nous saisissons, comme de la malchance que nous récoltons. Le manager positif apprend à ses collaborateurs à regarder le bon, et à être orientés « positif ». Saisir sa chance, c'est apprendre à flairer le monde dans ce qu'il vous offre de meilleur. Ce qui nécessite de rester ouvert et curieux. Et, bien sûr, de penser en positif et en optimiste. Rappelez-vous, les optimistes sont les femmes et les hommes qui passent de l'idée à l'acte, parce qu'ils y croient. Ils ne cherchent pas à être sûrs à 100 % de ce qu'ils vont créer. Mais ils se lancent en confiance. Comme un alpiniste qui va lâcher sa prise et se mettre un instant en déséquilibre pour changer de voie.

Le manager positif, le créateur, comme l'appelle Daniel, sait positiver ses expériences. Daniel indique que ses succès sont issus de ses échecs successifs. Pour lui, la réussite consiste à aller d'échec en échec sans jamais perdre son enthousiasme.

Saisir sa chance, c'est apprendre à flairer le monde dans ce qu'il vous offre de meilleur. Ce qui nécessite de rester ouvert et curieux.

Il décline aussi une vision très intéressante du rôle de manager leader, qu'il confiait lors de cette conférence, la règle des trois M :

1. Jacques Horovitz, *L'Entreprise humaniste*, Ellipses-Marketing, 2013.

- le premier M pour Moutons : il y a beaucoup de suiveurs en entreprise. Des collaborateurs consciencieux qui « font le job ». Et qui ne se posent pas de questions. Ils réalisent au mieux leurs objectifs, leurs reportings ;
- le deuxième M pour Mutins : ce sont ceux qui s'opposent, et qui n'existent que par leur pouvoir de nuisance. Ils disent non à la vie et à toutes les propositions de progrès. Ce sont des anthropophages qui dévorent, rabougrissent et rapetissent les gens et les structures ;
- enfin, le troisième M pour Mutants : ceux-ci sont debout en toutes circonstances. Ils prennent des risques et se mettent en danger, sortent de leur zone de confort, disent oui et font grandir, font bouger les lignes et énergisent leur entourage.

Ces managers mutants, positifs, développent aussi une capacité d'écoute et de prise en compte des autres : un savoir-faire unique qui consiste à prendre en considération les avis individuels des gens, dans la mise en œuvre d'un projet collectif. Ce qui nécessite non seulement du temps, pour permettre d'en gagner beaucoup plus tard, mais aussi de la psychologie, une certaine sensibilité affective : il n'est pas un idiot, ni même un affectueux, juste un sensible, un être doué d'émotions. Le manager est avant tout un homme. Pour lui, la complainte est un cadeau.

Pratiquons le « marketing interne » avant le marketing externe

Chaque entreprise devrait être consciente qu'elle vit, bien malgré elle quand elle l'ignore, ce que j'appelle le syndrome « bifidus actif » : ce qui se vit à l'intérieur se voit à l'extérieur. Autrement dit, le management positif est le meilleur outil de propagation du développement humain et financier. Vous pouvez continuer d'être des dévoreurs d'énergie des femmes et des hommes qui travaillent pour vous. Vous pourrez même obtenir de parfaits résultats. Mais combien de temps et à quel prix ?

Selon Daniel, il faut dix ans pour construire durablement. Méfiez-vous des business plans fantaisistes à trois ans, vous promettant des retours sur investissement rapides : cela existe, bien sûr. Chez les spéculateurs et les prédateurs. Pas chez les entrepreneurs et managers positifs. Cela excite les investisseurs. Mais cela assèche les forces vives.

Le manager prédateur sclérose les collaborateurs en les faisant se focaliser sur les risques, les dangers et les pertes. Le manager positif explose de bonheur en les incitant à se focaliser sur la construction et le partage. Il développe ses capacités d'accompagnateur, d'entraîneur, et a une vision globale de ce à quoi l'entreprise participe. Il intègre la politique de communication externe, sur laquelle l'entreprise a la main, tout en voyant la portée, en interne, des produits et services qui sont vendus. Et il sait veiller à ce que chaque individu, touchant de près ou de loin à l'entreprise, se sente réellement pris en compte.

> ***Le manager positif a une vision globale de ce à quoi il participe : tant au-dehors de l'entreprise qu'au-dedans.***

Pour soigner son marketing interne, l'entrepreneur créateur, le manager positif, coache donc les équipes. Il est attentif à la demande interne, avant la demande externe. Sans collaborateurs épanouis, la qualité de service aux clients n'existe pas.

Chez Châteauform', on reçoit les gens « comme à la maison », ce qui implique une congruence réelle entre les valeurs universelles que sont la convivialité, la simplicité et la générosité, prônées en externe, et ces mêmes valeurs vécues et défendues en interne. Ce que laisse entrevoir la structuration tout à fait alignée de l'organisation : un « vrai » couple à la barre, un chef de cuisine passionné, une équipe recrutée sur des critères avant tout humains et des convictions communes. Les inspecteurs qualité, ce sont les clients. Ici, le mot « siège » n'existe pas. On parle de la « maison de famille ». Ce qui laisse présager les valeurs que les collaborateurs incarnent et font vivre. Certes, il y a des erreurs, des tensions, comme partout : ce n'est pas le paradis. Mais c'est un endroit où le bien-être et la bienveillance sont équitablement vécus par les collaborateurs comme par les clients.

Enfin, cette pratique est essentiellement orientée « positif » : on y cultive l'esprit collaboratif, le mode projet, la cocréation, puis la coconstruction. Même si les décisions stratégiques sont concentrées, les actions sont décentralisées. Chacun est maître dans son domaine, tout en assurant la fertilisation croisée et la communication nécessaires pour grandir tous ensemble.

Juste pour enfoncer le clou, voici un contre-exemple. J'ai vécu l'an dernier une expérience diamétralement opposée à celle de Châteauform', dans une entreprise agroalimentaire tout aussi familiale. Une très belle réussite, due à la vision technologique d'un homme, et à sa capacité à traduire en outils de production et en formules chimiques sa vision produit. Après une longue période de croissance, le marché se réduisant en France, les distributeurs étant de plus en plus exigeants, les comptes, toujours positifs, marquèrent un vrai coup de frein. La croissance à deux chiffres laissa place à une forme de décroissance inquiétante. Le P.-D.G., humble, savait qu'il lui manquait un réel savoir-faire en matière de développement de marché et, sans aucun doute, dans le domaine marketing et communication. Il lança donc le recrutement d'un directeur commercial et marketing, en remplacement d'un ancien responsable. Il avait l'obsession du CV et de l'expérience. Ce qui donna lieu, de manière néanmoins partagée avec le DG et la DRH, au recrutement d'un vrai talent, reconnu et « capé ».

Oui, mais voilà, cet homme avait tout... sauf les qualités humaines indispensables à son intégration. Il était un bon professionnel, suintant la culture du distributeur, venant lui-même de grandes entreprises du secteur agro. Ce monde n'avait aucun secret pour lui. C'était un habitué des marges arrière, des remises de fin d'année et des négociations à couteaux tirés. Mais aussi du management « à la schlague ».

La difficulté aurait pu s'arrêter à ce constat. Mais l'horreur, pour les collaborateurs, s'engagea précisément là : après une période d'observation, notre homme, assez austère, commença à prendre pour cible toutes les personnes qui, malgré leur ancienneté, leur dévouement pour la marque et pour leur charismatique patron, ne partageaient pas les nouvelles manières. Personne ne refusait les objectifs. Tout le monde était même plutôt pour ces transformations, ces changements nécessaires. Il fallait remettre en mouvement l'entreprise. Mais notre directeur commercial manipulait les collaborateurs les plus fragilisés, en leur donnant chaque jour des objectifs contradictoires, qui ne seraient, bien entendu, pas atteints. Ce qui aboutissait à des séances collectives d'invectives, d'insultes à demi-mot. Jamais, malgré les demandes d'aide répétées, il ne daigna descendre dans l'arène pour soutenir, transmettre, former. Il assénait des coups psychologiques, ne pouvant assommer les récalcitrants à coups de bâton. Il annonçait les objectifs, mais ne fournissait pas les outils pour les atteindre. Pas un remerciement, pas une félicitation. Sauf en face-à-face, lorsqu'il se délectait à l'avance des répercussions catastrophiques qu'avait, sur ses équipes, son élogieux mais stratégique encensement : « Vous savez, je ne comprends pas pourquoi vous me faites la tête, car vous êtes ma préférée ! » Le comble de la perversion.

Voilà le parfait manager négatif, petit chef autoritaire, faussement humain, qui est, devant la foule, un directeur dévoué à ses troupes, mais derrière la ligne un bourreau. Un manager irrespectueux, violent et malveillant. Il y en a.

Cet homme est aujourd'hui sous « haute surveillance », et suit une formation individualisée pour l'amener à prendre conscience de ses débordements. Quant à son équipe, nous l'assistons – humainement et affectivement.

Chaque entreprise vit le syndrome « bifidus actif » : ce qui se vit à l'intérieur se voit à l'extérieur.

Le marketing interne l'emporte sur la communication externe. Les réseaux sociaux, le Web 2.0 se chargent de tailler la réputation de l'homme et de son management. Mais l'entreprise en pâtit.

Manager en positif, c'est assurer le développement humain, pour ne pas dire humaniste, des équipes dans lesquelles vous êtes, ou que vous formerez.

Pardon pour cette digression managériale de quelques pages, mais elle me semblait essentielle. Elle parlera à la majorité : vous êtes quasiment tous dans une équipe. Vous pourrez ainsi, si ce n'est exiger, du moins orienter la conduite des affaires « en positif ».

En optimiste qui ne se refait pas, je constate tous les jours les progrès que nos entreprises font en matière de management positif. La masse critique des entreprises humaines s'inverse doucement, mais sûrement.

Prônons le développement personnel en entreprise

C'est un excellent moyen d'amener vos collaborateurs à commencer cette introspection nécessaire à leur bien-être. J'ai eu l'occasion de dire à quel point il était urgent de former les collaborateurs à la transformation personnelle. C'est un chemin de progrès formidable pour aider les gens dont on pense que leurs fragilités humaines, relationnelles, freinent leur intégration, leur évolution, leur acceptation du changement.

Le développement personnel permet aux excellents techniciens de décupler leurs savoir-faire. Pour une entreprise – c'est un langage que les patrons aiment entendre –, c'est le moyen de rentabiliser l'investissement des hommes. Je le disais plus haut, nous devons recruter des êtres humains, avant d'intégrer des CV, des expériences et des connaissances. Et comme vous avez dans vos équipes des gens qui sont nécessairement orientés « techniques », vous pourrez les aider à « se compléter ». Il y a de nombreuses formes de développement personnel. Des méthodes et des approches très différentes, mais tout aussi performantes. Tout dépendra de votre style, de votre capacité à « lâcher prise » en tant que manager. Des approches comme la biodanza, le théâtre d'improvisation, les formations à l'ennéagramme, mais aussi des approches plus « pragmatiques », comme la programmation neurolinguistique, ou encore plus ésotériques, comme la méditation de pleine conscience, la gestion du stress, le yoga, le tai-chi, etc., peuvent être efficaces. Vous voyez, la liste est longue.

Le développement personnel constitue une étape indispensable dans la recherche de l'optimisme et de la vie en positif. Vous formerez des heureux. Vous offrirez du bonheur à vos collaborateurs.

Conclusion

On reconnaît l'optimiste entre tous !

« La vie n'est pas telle qu'elle est censée être. Elle est telle qu'elle est. La façon dont vous la vivez est ce qui fait la différence. »

Virginia Satir

Je vous le disais au début de ces pages, la vie est belle. Notre pays est l'un des plus beaux du monde. Ce n'est pas pour rien que tout le monde s'y rend.

Parfois, je vois les enfants de mes amis fuir à l'autre bout de la planète et pester contre la lenteur des décisions politiques en France, le montant des charges sociales, l'inefficacité du service public, la permissivité de la police qui ne sait pas faire respecter la loi, la pression fiscale.

Je vois mes amis eux-mêmes participer à ce *bashing*, dénoncer sur Facebook ce qui ne marche pas.

L'humanité va de mieux en mieux. Même si l'on vous montre le pire du pire.

La vie, ce n'est pas juste cela. C'est aussi tout ce qui n'est pas médiatisé, ce qui se passe dans les coulisses et qui ne gonfle pas les revenus médiatiques.

La vie n'est, certes, pas un long fleuve tranquille. Mais elle se dirige inexorablement vers l'espoir. Avec détermination et force. L'humanité va de mieux en mieux. Même si l'on vous montre le pire du pire. Elle n'est pas faite que de triples meurtres, d'incendies, d'assassinats, d'accidents, de vols et d'escroqueries.

J'ai découvert sur le Net un merveilleux site d'information positive. J'en suis heureux parce que je me dis qu'il est le précurseur de la nouvelle carte média. Son nom ? Pepsnews… Rien que du positif. Vous lisez, vous vous sentez léger. Vous regardez les reportages, vous reprenez confiance en la vie.

Aujourd'hui, je tombe sur l'idée tellement humaine d'un joueur de Chelsea qui offre ses équipements aux enfants démunis du Nigeria. Et sur d'autres informations. Le chômage a baissé en janvier 2016. Présentation des progrès médicaux en cours : un plâtre révolutionnaire, l'opération extraordinaire de ces chirurgiens anglais qui ont réussi la première greffe de vertèbre. Le pitch de cette chaîne d'information parle de lui-même : *« Vous trouvez que l'actualité est anxiogène ? Pepsnews va vous réconcilier avec elle en vous proposant le + de l'info, une sélection de* news *qui ont des valeurs positives ou d'exemplarité. En bref, de quoi voir la vie du bon côté ! »*

Il y a une multitude de sites qui emboîtent le pas de la vie en positif, de l'optimisme réel et factuel. « Bonnes nouvelles du jour ! » est aussi l'un d'eux. Avec des informations qui vous redonnent le sourire, même un lundi de rentrée de vacances : lisez le florilège du jour que je vous ai concocté et comparez-le aux *news* de vos chaînes généralistes…

« - Nous avons tout pour réussir !

- Les PME françaises battent des records d'optimisme

- Embauches, ventes, profits… Les milliards de Renault

- Michelin réalise les meilleurs résultats de son histoire

- Birmanie : le parti d'Aung San Suu Kyi prend les rênes du Parlement

- Cuba : rencontre historique entre le patriarche russe et le pape

- Centrafrique : l'élection de la réconciliation

- Ces cinq vertus insoupçonnées des câlins – Il y a tout juste trente ans, Kevin Zabourney, un révérend du Michigan, aux États-Unis, organisait le 21 janvier un "hug day", un "jour des câlins". Le but : répondre à la tristesse de ses ouailles, en cette froide et triste période d'après-fêtes

- L'allaitement sauve des vies et fait faire des économies

- Les "phages", des virus naturels pour remplacer les antibiotiques

- La première fleur de l'espace vient d'éclore dans la Station spatiale internationale

- La mythique 2 CV passe à l'électrique à Paris

- Découvrez les 22 projets sélectionnés pour "Réinventer Paris"

- Printemps de l'optimisme : fédérons toutes les énergies positives ! »

Vous voyez, je n'invente rien. Quand je vous dis et vous répète que la manière dont les informations que l'on vous donne sont collectées est en elle-même l'une des plus grandes omissions collectives jamais réalisées. Sans que personne ne la souligne, et ne s'y attaque.

« Savez-vous que plus de 850 millions de personnes sont sorties du seuil de pauvreté en vingt ans ? », nous apprend Roger-Pol Droit, philosophe français, journaliste, chercheur au CNRS, enseignant et écrivain. Son livre *L'Espoir a-t-il un avenir ?*[1] explique comment l'avenir fait peur, au lieu de faire envie. Et donne quelques règles et quelques explications historiques pour remédier à ce constat.

Je ne supporte plus cette forme de résignation et d'immobilisme critique. L'autre jour, j'entendais Daniel Cohn-Bendit annoncer sur Europe 1 que la France était le pays de l'impossible, érigé en système ! Voilà précisément les nouvelles dont je me prive avec délectation.

1. Roger-Pol Droit, *L'Espoir a-t-il un avenir ?*, Flammarion, 2016.

La vie en positif peut transformer le monde, si l'on est conscient de cette force individuelle de transmutation que nous avons tous à disposition.

Apprendre l'espoir, c'est montrer à nos enfants que l'avenir est là, mais qu'il dépend de leur prise de responsabilité et de leurs actes.

Apprendre l'espoir, c'est montrer à nos enfants que l'avenir est là, mais qu'il dépend de leur prise de responsabilité et de leurs actes.

Je suis profondément et intensément confiant. Je crois que la vie, l'amour et l'espoir trouvent petit à petit leur chemin. Je le constate tous les jours dans mon métier. Je le partage au quotidien dans les entreprises privées et publiques avec lesquelles je collabore. Je le diffuse sans retenue aux sportifs, aux étudiants, aux amis qui me côtoient. C'est mon trip. C'est ma came.

En bon optimiste, je me souviens peu de mes galères. Non pas que je les fuie ou les oublie, mais parce que je les ai transformées en « expériences positives » – comme le dit Daniel Abittan.

Je vous l'ai dit, l'optimiste se reconnaît entre tous à sa manière d'explorer le monde, de rencontrer les autres. Il contrôle ses pensées, et sait être critique en triant ce qu'on lui donne comme nourriture informative.

Enfin, le chemin vers la vue en beau, vers votre petit nuage, commence par une prise de conscience simple, une première étape qui devrait vous attirer vers cette logique de transformation : apprenez à identifier votre négativité. Écoutez-vous parler, enregistrez-vous, comptez les « non » et les « ne pas ». Faites vous-même quelques séances face au miroir, pour savoir si vous souriez à la vie, si vous êtes, par exemple, optimiste par nature ou pessimiste par « éducation ».

Une petite histoire, histoire de finir

Par un tôt matin d'hiver, un homme se dirigeait vers son lieu de travail. Se dessinaient sur son visage les traits de la solitude et une légère expression de tristesse. Il marchait d'un pas décidé, pour arriver avant que la neige ne se mette à tomber. Mais prenait tout de même le temps de regarder autour de lui. Il était curieux, depuis toujours. C'est sans doute ce qui l'avait sauvé, sa curiosité de la vie, après qu'il eut perdu son emploi, et sa fiancée aussi, quelques semaines avant la date de leur mariage. Il pestait contre la vie, parce que le bonheur ne l'avait pas embelli. Il cherchait partout ce bonheur.

Chemin faisant, il tomba en arrêt devant un drôle de magasin. « Bizarre de voir un magasin ouvert à cette heure », se dit-il. La vitrine était lumineuse, décorée avec goût et créativité. Le panneau indiquait fièrement, avec de belles lettres arrondies : « Magasin du bonheur. » Il y avait des lampions partout, et une pancarte sur laquelle il lut : « Ouvert 24 heures sur 24, 7 jours sur 7. » « Je n'ai jamais vu cela », songea-t-il, attiré par les ondes de gaîté qui s'échappaient de cet étrange magasin. Il s'approcha encore. Il y avait de la buée sur les vitres. Il regarda à l'intérieur pour repérer les lieux, puis se décida. « Allez, je rentre, qu'est-ce que je risque à pousser la porte ? » Une vieille dame l'accueillit avec le sourire. Ça sentait bon le miel, le biscuit chaud. Il y avait une douce musique de fond et un feu de cheminée. Il y faisait bon.

« – Bonjour, cher monsieur, lui lança-t-elle d'une voix chaleureuse, que puis-je pour vous ?

– Bonjour madame, c'est la première fois que je vois votre magasin. Et pourtant, j'emprunte ce chemin régulièrement.

– C'est que vous êtes plus sensible aujourd'hui. Vous savez, c'est l'effet de l'hiver. Les gens se cherchent quand il fait froid. Mais, dites-moi, que puis-je pour vous ?

– Franchement, je n'y ai pas réfléchi. Que vendez-vous ici ?

– Nous vendons tout ce qui peut faire votre bonheur. Tout ce que vous voulez au fond de votre cœur, nous devrions l'avoir.

– Tout ?, interrogea-t-il d'un ton soupçonneux. Vraiment tout ? Allez, ne vous fichez pas de moi. Je suis plutôt jeune, un peu triste, j'avoue, mais quand même pas aussi crédule !

– Écoutez, je ne peux vous convaincre si vous ne voulez pas croire. Mais si vous avez quelques minutes, je vous suggère de faire vos courses.

– Pourquoi pas, après tout, je ne risque vraiment rien. Mais quels prix pratiquez-vous ?

– Vous allez encore me dire que vous n'êtes pas crédule... mais tant pis. À la vérité, nous sommes financés par le bonheur collectif. Vous avez droit à votre bonheur aussi. Alors, dites-moi ce que vous voulez et je regarderai si nous avons cela en stock. Allez, je vous écoute, lui dit-elle, souriante, tout en s'appuyant sur un coude et tapotant des doigts. Allez, lancez-vous !

– Bon, avez-vous... euh... une femme ? Mais pas n'importe quelle femme : une épouse, belle sans être mannequin – j'aurais peur de ne pas pouvoir la combler. Qui soit gentille, attentionnée et douce.

– Je devrais avoir ça... Mais continuez... J'irai dans l'arrière-boutique après que vous m'aurez listé toutes vos courses.

– Des enfants, vous avez des enfants ? Pour faire une belle famille. Juste deux, parce que trois, on a du mal à les aimer avec la même attention.

– Oui oui, dit la commerçante. Mais allez-y, continuez, je note...

– Ah ! Je sais. Un métier qui me comble et dans lequel je m'épanouisse. Je suis artiste, mais mes parents m'ont toujours exhorté à devenir comptable. Je hais les chiffres. J'aime les choses manuelles. Je deviendrais bien ébéniste.

– Ébéniste, d'accord... Et encore ?

– Comme je vais fabriquer de beaux meubles, il me faudrait... un point de vente, un magasin avec un atelier attenant, pour que les clients me voient travailler. Ils aiment voir travailler les artisans.

– Et hop, un magasin avec un atelier attenant... Qu'est-ce que je vous mets d'autre ?

– Allez, allez, une voiture, puissante mais grande, pour partir en vacances avec ma petite famille... et euh... euh, une maison de vacances, à la mer... euh... et au ski aussi. Oh oui, à la montagne, j'aime tellement la fraîcheur de l'altitude.

– Et une voiture, une maison de vacances, un chalet... Ce sera tout ?

– Non, je veux des sourires, de l'optimisme, du positif aussi. Je veux de la douceur de vivre et une bonne santé, pour pouvoir profiter de tout cela le plus longtemps possible. Pour moi, mon épouse et mes proches. Je veux des échanges en famille, des discussions intenses, quelques petites disputes – mais pas trop non plus – pour mettre du piment dans notre quotidien. Je veux des Noëls remplis de cadeaux, je veux des anniversaires qui sentent bon le sucre, je veux des amis qui m'aiment, je veux du temps... Oh oui, du temps, pour profiter de toutes ces merveilles... Voilà, je n'abuserai pas. Dites-moi, je n'ai pas abusé ? Vous m'avez dit que vous aviez tout en stock...

La vieille dame notait sur un bout de papier qu'elle étirait au fur et à mesure que la liste s'allongeait.

– Bien, ne bougez pas, je vais vous chercher tout cela.

Et la voici partie au fond de sa boutique, derrière un rideau de couleur vive. Dans le magasin, siégeaient partout de beaux objets, de la décoration intérieure, des jouets d'enfant et d'adulte, des livres, de somptueux mets, des tissus d'une rare beauté, des objets d'art, des tableaux. Un bric-à-brac incroyable, de toutes valeurs. Des bijoux, des motos, des vélos... Le jeune homme entendait des bruits de tiroir et de porte claquer, s'ouvrir et se refermer.

– Voilà, voilà, pas d'inquiétude, je cherche et je trouve, lança-t-elle de loin pour faire patienter son invité du matin.

Elle chantonnait sur la musique douce que l'on entendait. Pas d'enceinte, pas de musicien. La musique semblait sortir de nulle part et de partout.

– Voilà, j'arrive...

Et notre dame réapparut toute guillerette, entourée d'étoiles. Elle relisait bien la liste... L'épouse, OK, les enfants, OK... Je vous ai mis des bébés, pour les élever comme vous le voulez... Le chalet, la voiture... OK... Bon, je crois que tout y est. Elle déposa alors, sous les yeux éberlués de son client, un petit sac en toile de jute, fermé par une ficelle bleue.

– Euh..., dit-il, avalant sa salive. Vous êtes... euh... sûre que ce tout petit sac contient la liste que nous avons notée ? Ça me paraît un peu "petit", non ?